TEPPAN GAMES
鉄板釣魚

山本典史

リバーシーバス最強マニュアル

つり人社

目次

TEPPAN GAMES 鉄板釣魚

山本典史 リバーシーバス最強マニュアル

監修　山本典史
編集　高崎冬樹
イラスト　山本伸之

※各都道府県河川の管轄漁協区域内で釣りをする場合、ルアーフィッシングおよび夜釣りの可否については必ず各漁協の遊漁規則を事前確認したうえで釣行を計画してください。

高確率でモンスターサイズに出会えるフィールド

単に数多く釣るとか、大きい魚を釣ることが偉いとは思わないが「1cmでも長く1gでも重い魚を釣りたい」そう思う向上心が大切だと常日頃から感じている。その行き着く先はランカーを超えたモンスタークラスのシーバスをゲットすること。だがそれが偶然のヒットではなく、より戦略的に攻略することを至上テーマにしている。それを高確率に実現できるのがリバーというフィールドなのだ。リバーシーバスに限らず僕は常日頃から手にしたターゲットが「釣った魚」であることが最重要だと思っている。単にミノーで小魚をイミテートし、バイブレーションでリアクションを誘い、ワームでナチュラルに食わせるといったシーバスフィッシングで当たり前のローテーションを繰り返すなかで、特にそれ以上のことを考えずに魚を釣ったとしても、それは「釣れた魚」でしかない。

　しかし、たとえば「ミノーで答えが出ないのでワームで食わせたい時、すぐにワームを引くのではなく、一旦バイブレーションでシーバスをイラ立たせてからのほうがバイトが深くなり、きっちり口の奥にフッキングする」といったことまで考えて釣りを組み立てるほうが、1尾の価値はより大きく感じる。ヒットルアーはミノーでもバイブレーションでもワームでもかまわない。より戦略的に釣りをするのが僕のスタイルであり、目指すところである。

River SeaBass
山本典史ism

monster

1gでも1cmでも大きい魚、モンスターを追い求めて。

川こそ戦略的シーバスゲームのトップステージだ

川の釣りには地形、流れ、水量、ベイトとさまざまなパターンが存在するが、フィーディングのために川を遡ってきたシーバスの居場所を推理しやすく、状況に応じて大型をねらう戦略が立てやすい。僕が最も好むゲームはリバーシーバスのほかに磯のヒラスズキがある。これらのフィールドで大型を釣るために、あらゆるシーバスゲームをとことん経験し、ルアーの釣りだけでなく生きエサを泳がせるノマセ釣りでスズキをねらい、グレのフカセ釣りやアユの友釣りなどまったく違うジャンルも自分のものにしてきた。

さまざまな釣りを経験したうえで「80㎝クラスのマルスズキなら磯でも高確率に釣れる」と感じている。磯でシーバスフィッシングを回数こなせば、年間に何尾かはハチマルが釣れるに違いない。ところがそれ以上の90㎝クラス、メータークラスのモンスターになると話は変わり、それを意識的にねらって高確率で出会うなら圧倒的にリバーゲームだ。それも河口部ではなく川の中下流部での釣り。

ここでは高確率であるがゆえに自分のイメージする戦略をきっちりと実釣に落とし込める。モンスターを釣れた1尾ではなく「釣った1尾」に変えるのがリバーシーバス・ゲーム最大の魅力である。

Catch the

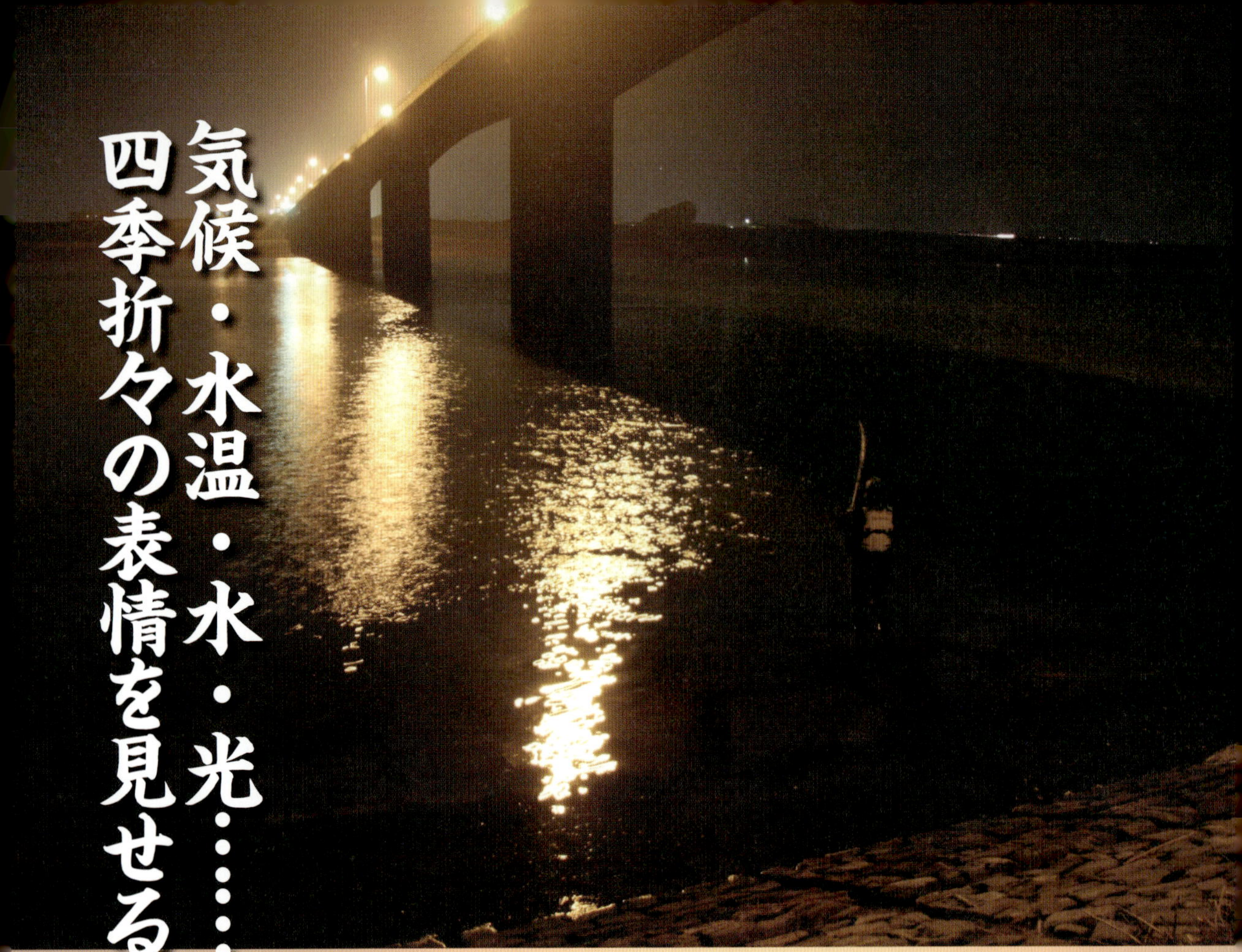

気候・水温・水・光……
四季折々の表情を見せる川。

River SeaBass
山本典史ism

たとえば活性がイマイチで
ワームを使おうと思った時に、
その前にバイブレーションで
イラ立たせてからのほうが
ハリ掛かりが深くしっかりフッキングする、
といったことまで考えて釣りを組み立てるほうが
1尾の価値はより大きいと思っている。

記録魚を手にした夜。

90㎝超～メータークラスを
意識的にねらって獲るならリバーゲームが一番。
掛けてからランディングまでシミュレーションし、
レバーブレーキ付リールを駆使して
モンスタークラスを細イトで獲る。
そこにはスリルと興奮と大きな達成感がある。

記録魚となった98cm8.65kgのシーバス

【ラインクラス4kgの JGFAレコードを記録したタックル】

- ●ロッド：モアザンブランジーノ AGS89.5MML フィンガーティップカスタム
- ●リール：モアザン2508PE-SH LBD
- ●ライン：PE0.3号（プロト）
- ●リーダー：ザイト磯フロロ5号
- ●ルアー：ショアラインシャイナー SL12

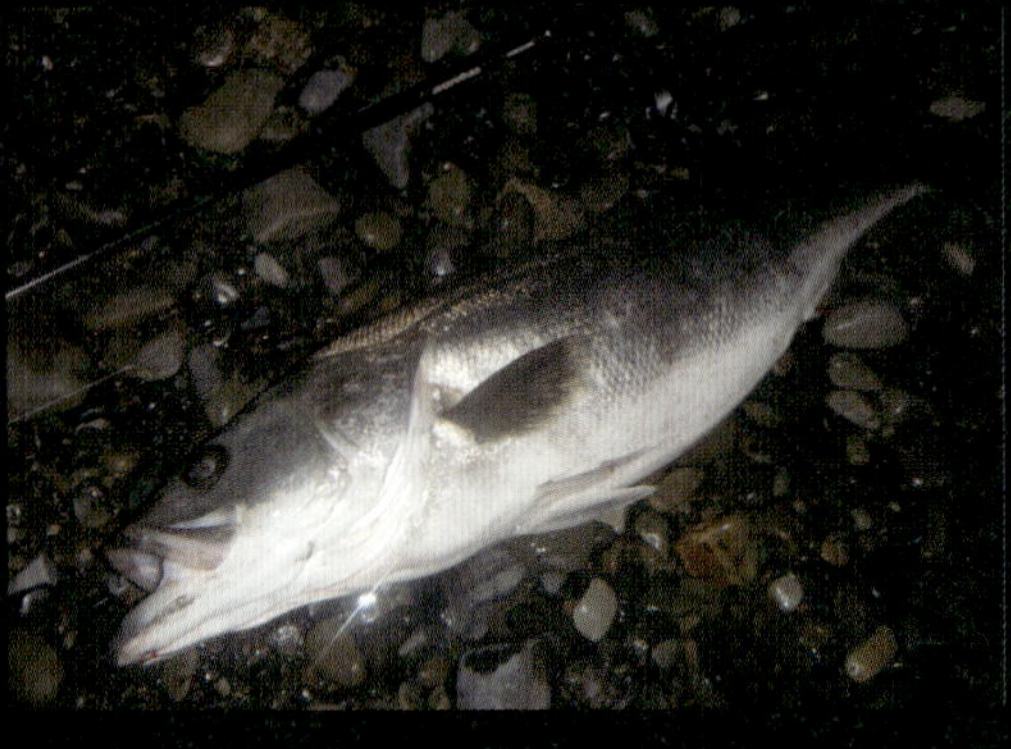

バックドリフトで送り込んだ『ショアラインシャイナーSL12』がブレイクの落ち込みに差しかかった瞬間、微かながら明確なアタリを伝えた。「ん?」アワセを入れると、ヤツは一気に下流に向かって疾走した。

２０１１年11月11日、午後10時40分頃の出来事。フィールドは和歌山県串本町の河川中流域。水深30㎝もないチャラが続き、そのなかに落ち込んだブレイクがある。実は前夜もこのポイントで90㎝前後を４尾ゲットしており、さらにとんでもないモンスターに２発ブチ切られていた。そこで日中に川の地形を再確認するためモンスターを掛けた場合のファイトコースからランディングポイントまでをシミュレーションしておいた。

フィッシングプレッシャーと自分の体力、そして時合いを考え午後10時過ぎにポイントに入った。見れば月明かりに照らされた大きな黒い影がゆっくりと川を下るのを確認。正体は落ちアユの群れだ。ところが黒い影はブレイク周辺で何かに驚き上流へ逃げる動きを見せた。前夜に悔しい思いをしたモンスターがまだそこにいるに違いない。

ヒットがあったのはすぐだった。釣りを開始して３投目か４投目だったと思う。ＬＢＤのドラッグを緩めに設定していたのでヤツが下流に走ると同時にスプールが逆転。なんとかその走りについていって川を下りながらドラッグを締め、二度三度の追いアワセを決めた。フッキングを確実なものにしてからレバーブレーキをオフにしてラインを出し、戦闘態

モンスターナイトの初日は90cm前後を４尾ゲット。超大型の群れが入ってきた

River SeaBass 山本典史ism

同日にヒットした99cm

山本典史（やまもと・のりふみ）

1972年和歌山県和歌山市生まれ。シーバスを始めた当初からレバーブレーキに注目。2011年に釣りあげた98cm、8.65kgのシーバスはＪＧＦＡとＩＧＦＡのラインクラス４kg（８lb）の日本記録＆世界記録に認定。ダイワ・フィールドテスター。

勢を整える。

ランディングポイントは掛けた位置から100mほど下った対岸の浅い砂利底にしようと決めていた。そこへ先回りしてヤツを背ビレが出るほどの浅場に上流から導き入れ、とっさに自分の身体で覆い被さって押さえ込んだ。

これがのちにJGFAとIGFAのラインクラス4kg（8lb）の日本記録かつ世界記録に認定された98cm、8・65kgのシーバスである。実はこの50分後にも判で押したように同じパターンで怪物級がヒット。99cmと体長は1cm上回ったが、ややスリムで約8kgと軽かった。その後、さらに80cm台を3尾追加し、2日間にわたる衝撃のモンスターナイトは幕を下ろした。あの夜を思い出すと今でも手や膝が震えてくる。

流れを制する者がリバーゲームを制する
ねらうはランカー超え川鱸モンスタークラス。

River SeaBass
山本典史*ism*

※各都道府県河川の管轄漁協区域内で釣りをする場合、ルアーフィッシングおよび夜釣りの可否については必ず各漁協の遊漁規則を事前確認したうえで釣行を計画してください。

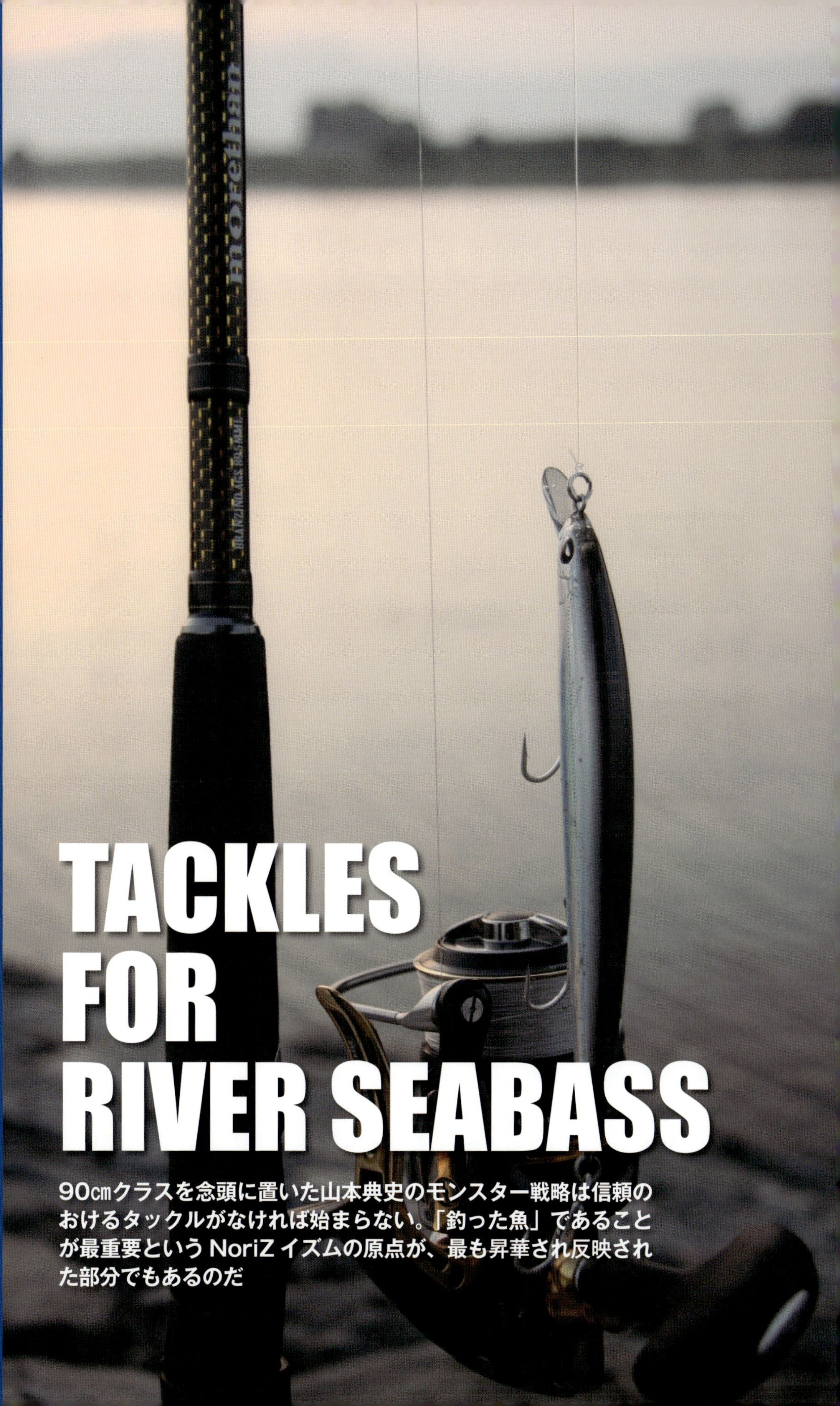

TACKLES FOR RIVER SEABASS

90㎝クラスを念頭に置いた山本典史のモンスター戦略は信頼のおけるタックルがなければ始まらない。「釣った魚」であることが最重要というNoriZイズムの原点が、最も昇華され反映された部分でもあるのだ

タックル ① 山本流タックルセレクトの基本

ラインを起点とした タックル選びのポリシー

**一見、ひ弱に見えるタックルでも大型シーバスに対抗できるのは
トータルバランスが取れているから。
「細くても確実に釣れるライン」を前提にライトタックル化を図る**

ロッドでもなく、リールでもなく……。タックルチョイスの起点は使用ライン。モンスターと対峙して確実に釣れると確信が得られる範囲内でミニマムの号柄を選ぶ。ラインは細ければ細いほうが使用ルアーの数が増え、ルアーアクションも最大限に生かせるのだ

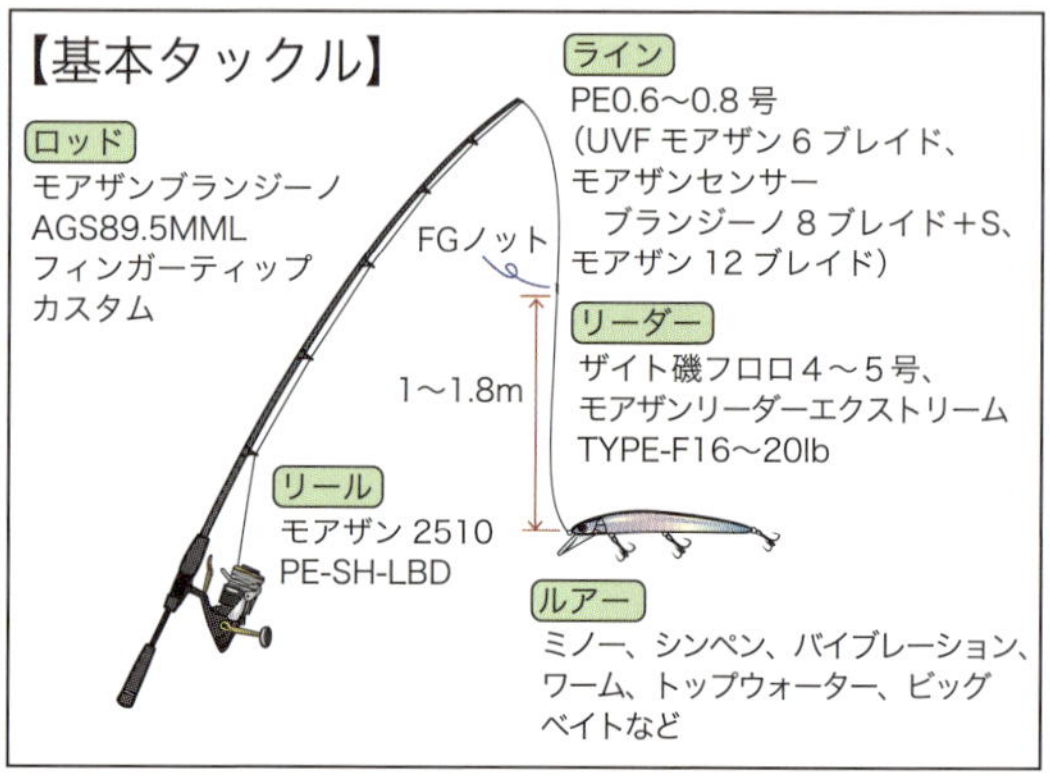

僕のタックルは一般的にモンスターねらいで使われているものよりライトに見えると思う。通常はラインがPE0・6〜0・8号、リーダーが16〜20lb、ロッドもMクラスではなくMLでフックもカルテイバの46や41。極端な例でいうと僕が持つJGFA、IGFAの98cm、8・65kgのシーバス記録（ラインクラス4kg）はPE0・3号極細ラインでのものだ。

なぜ細イトにこだわるかというと、そのほうがいろいろなルアーが使えるし、ルアーアクションも生かせるからだ。モンスターシーバスを釣るための戦略は1個のルアーだけでは立てにくい。

タックル選びの基本はまず使用ラインを一番に考える。そしてそのラインの強度を最大限に生かせるリーダー、ロッド、リールをチョイスしていく。リールのドラッグ性能、ロッドパワー、ラインとリーダーの強度、フック強度……。そのすべてが弱いからダメ、強いからよいということではない。トータルバランスさえ取れていればライトタックルでもモンスターシーバスと対等に渡り合えるのだ。

ただし「確実に釣れる」と確信を得たうえでライトタックルは使用するべきだ。「切れてもいい」というのではダメ。ラインブレイクしてルアーが刺さったままではシーバスは体力を消耗し傷口から菌が入り死んでしまうかもしれない。同じリリースでも確実に取り込んで、きっちりフックを外してやることが重要。

レバーブレーキリールを操り、極細ラインで大型をキャッチする僕の映像のせいもあって、それを参考にして切られた経験がある人もいるかもしれない。実力以上の細いラインを使っている証拠だ。「細イトを使うのがカッコいい」というのは大きな勘違い。ライトタックルに挑戦するのは悪いことではないが、自分の実力に見合った確実に釣れるタックルを選ぶようにしてもらいたい。たとえばPE0・6号ライン使用時にPE0・4号を想定したやり取りをするなど、スキルアップしながらライトライン、ライトタックル化を目指してほしい。

Q. なぜ細いラインが有利なのか？

A. 太いラインでは使用ルアーが限定され、そのルアー本来のアクションが殺されてしまうから

2011年11月11日、和歌山県串本町で山本典史がゲットしたシーバスはJGFAとIGFAのラインクラス4kg（8lb）の日本記録かつ世界記録に認定されている。98cm、8.65kgというモンスターもタックルバランスが取れていればPE0.3号という極細ラインでも釣れるのだ

タックル ② ライン＆リーダー

細イトを使う意味とライトライン化への道筋

自分の釣技限界内で安全を担保した細いラインを起点とすることで、高次元バランス化によるライトタックル使用が可能になり、対モンスター戦略の第一歩が踏み出せる

リーダー長は 1.5 ～ 1.8 m。この長さはけっこう重要。ラインとリーダーは FG ノットで接続するが接続部がキャスト時にどのガイドにも当たらないよう、トップガイドよりも外に出た状態にすることを前提に、遠投性とキャスト精度を考えるとタラシ＝リーダーの長さになる

なぜ、細いラインが必要なのか。まずルアーの飛距離。これが制限されると魚を食わせるチャンスが少なくなるからだ。空気抵抗が小さい細いラインを使うことでルアーはより遠くに飛ぶ。さらに川の流れの抵抗を最小限に抑え、流れを切って自分の引きたいコースにルアーを通すためにもラインは細いほうが有利。

リトリーブ時、太いラインは水流抵抗が大きくなるが、比較して抵抗が小さい細いラインは直線的になるため、シーバスのアタリだけでなく流れの変化も感じやすくなる。ラインスラックができてこそ早アワセを回避できバイトを弾かない意見もあるが、僕はそうは思わない。

シーバスがバイトする瞬間を何度も見て感じたのは、アタリが手もとにゴン！と伝わるのは、ルアーを食って反転し尾ビレが見えたタイミング。ということは、その瞬間に即アワセしてもすでに魚は反転している。アタリを感じてからアワセの動作を開始するまでにさらにタイムラグがあるわけだから、アワセが遅すぎることはあっても早すぎることはない。つまりラインスラックの有無は関係なく、ロッドからルアーまでラインは直線的であるほうがよいはずだ。ラインスラックが出ているほどアワセは遅れ、モンスターに先手を取られてしまうリスクが高いのだ。

僕自身最初からライトラインだったわけではない。たとえば磯のヒラスズキゲームで青ものが釣れる可能性がある場合はPE1号、そうでなければPE0・8号が現在のスタイル。しかし、この釣りを

Q. ラインスラックがあってこそバイトを弾かないのではないか？

A. いかに早アワセをしても早すぎることはない。アタリが手もとに伝わった瞬間、魚はすでに反転している。ルアーまでのラインは直線的であるほうがよい

[メインラインはPE]

UVF モアザン6ブレイド+ Si（0.6号150m）
6本ヨリのPEはスリムで高強度。ルアーの飛距離、リトリーブ、アタリや流れの感知など、あらゆる点で山本典史のモンスター戦略を支えるライン。

モアザンセンサーブランジーノ8ブレイド+ Si（0.8号210m）
摩擦抵抗を大幅に抑えた超高密度8本組PEで10m毎に3カラーローテーション。Evoシリコンコーティング採用で圧倒的な滑らかさと強度、耐摩耗性を発揮。キャスティング性能がアップしただけでなくガイド摩擦音が激減し、警戒心が強いモンスターにも違和感を与えにくい。

モアザン12ブレイド（0.6～0.8号150m）
12本の原糸を超緊密に編み込んだランカー対応にも余裕のハイスペックPE。耐摩耗性、強度、飛距離ともにトップクラスで信頼度は高い。

[リーダーはフロロを使用]

ザイト磯フロロ（4～5号）（オーナーばり）
浅瀬に大きな障害物が点在している、あるいは流れのなかでミノーを激しくダートさせる釣りがメインの時に根ズレに強く直線性が高い『ザイト磯フロロ』が心強い。根ズレに強いリーダーはいろいろあるが、根にスレてから切れるまで時間に余裕があるのが特徴。

モアザンリーダー エクストリームTYPE-F（16～20lb）
張りがあるフロロカーボン素材でありながら、しなやかさを追求したショックリーダー。流れが緩いところでミノーやシンペンを流すなど、流れの強いところでワームをナチュラルに流したい時に、しなやかさが大きな武器になる。

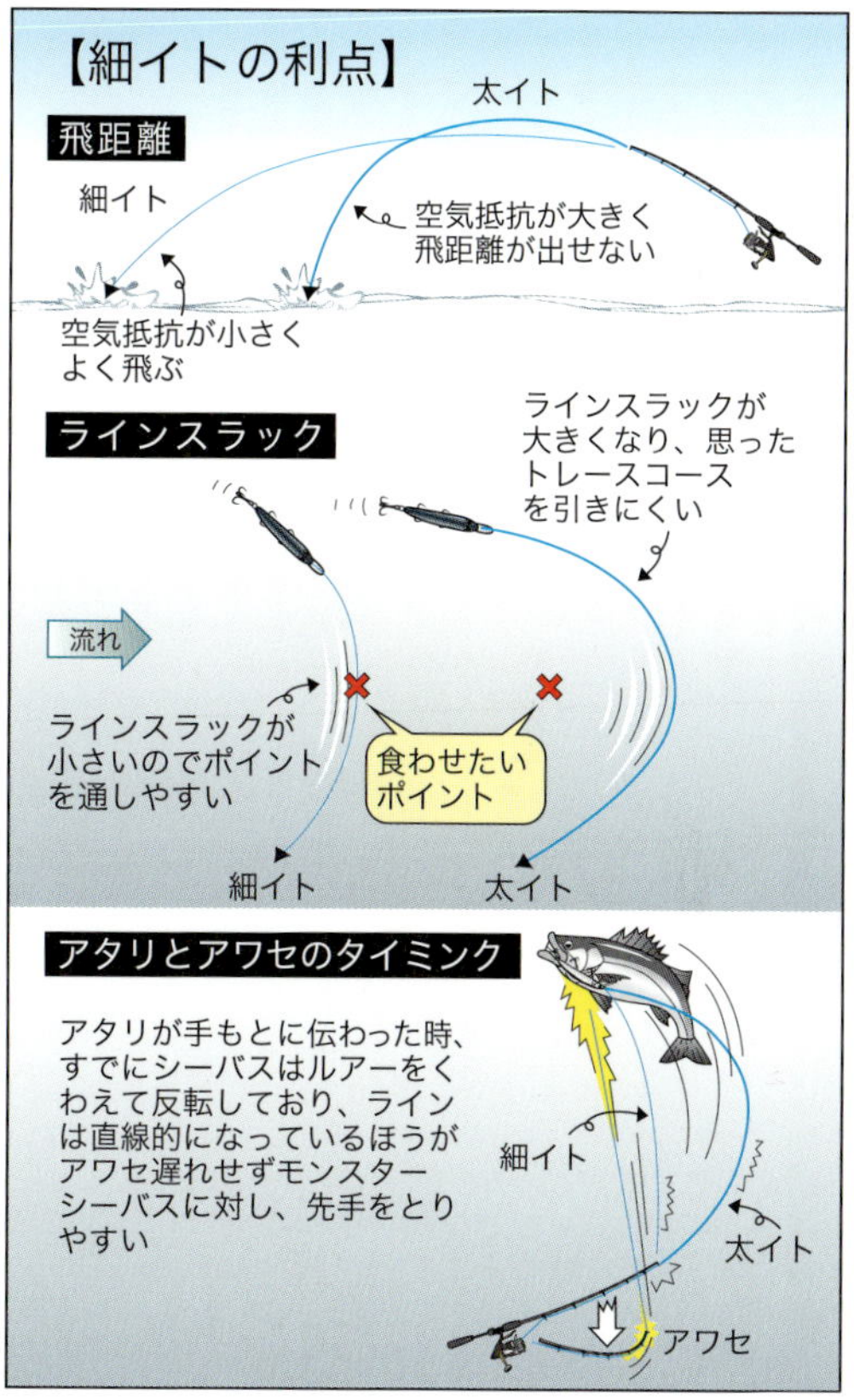

始めたころPEは4号だった。さすがにこれは強力でラインブレイクはゼロ。「ちょっと太すぎる」ということで2号に落とし、そして恐る恐る1・2号へ。その1・2号で1号使用を想定してやり取りしても大丈夫という確信を得て1号へ。さらに同様に0・8号まで。0・6号にもチャレンジし切られたことはなかったが、根ズレなどのリスクを考えて使わなくなった。このように安全を担保したうえで、自分の限界を知ることが大切なのだ。

これはリバーゲームでも同じ。40～50cmクラスまでならもっと細いラインでもよいが、経験上PE0・6～0・8号がモンスタークラスまでを視野に入れ、あらゆるシーンで使いやすく強度的にも安心なライン。ライトタックルに高いゲーム性があるのはいうまでもなく、警戒心が強い大型シーバスを考えると明らかにライトタックルがベター。またタックルにトータルバランスが必要であるように、釣りの戦略にもトータルバランスが必要。食わせなければ釣ることはできないし、食わせても釣れなければ意味がない。確実に食わせて確実に釣る。これが高次元でバランスの取れたライトタックルにこだわる理由であり対モンスター戦略の第一歩なのだ。

タックル ③ 釣れるルアーカラー

悩み出したらキリがない？ ルアーカラーの使い分け

ショップはもちろん自分のタックルボックスに溢れるカラフルなルアー。
さてさていったいどの色を選べばよいのか？ 悩むのはパターン別に整理できていないから。
「3系統×2タイプ＝6」で考えれば単純明快！

［ルアーカラーのパターン］

ボディーベース ＼ 発色	［塗り系］ボディーの表面や素材そのものが着色され、光を透過せず、また反射素材などを持たないもの（パールホワイト、シルバーなども含む）	［ホログラム系］ホログラムなどの素材が貼られボディー表面で光を反射するもの	［クリア系］ボディーが透明もしくは半透明で光が透過するもの
［ナチュラルカラー］イワシカラー、アユカラー、イナカラーなどベイトに近いカラー			
［アピールカラー］イエロー、ピンク、オレンジ、ホワイトなど			

ルアーカラーはボディーベースとして塗り系、ホログラム（反射）系、クリア系の3系統と、発色別にナチュラルカラーとアピールカラーの2タイプの組み合わせ3×2＝6を基本に考えている。

たとえばデイゲームで透け透けのクリアウォーターの場合、最も食わせやすいのが水になじみフラッシングするホログラム系ナチュラルカラー。逆に食わせにくいのが塗り系のアピールカラーだ。たとえば真っ白に塗られたアピール力が高いルアーはシルエットがはっきり出すぎるためシーバスに見破られやすい。また非常にナーバスなシーバスを食わせやすいのがクリア系ナチュラルカラーだが、これを基本にシーバスの攻撃性を引き出すために同じナチュラルカラーでも塗り系やホログラム系にチェンジして釣りを組み立てていくのだ。

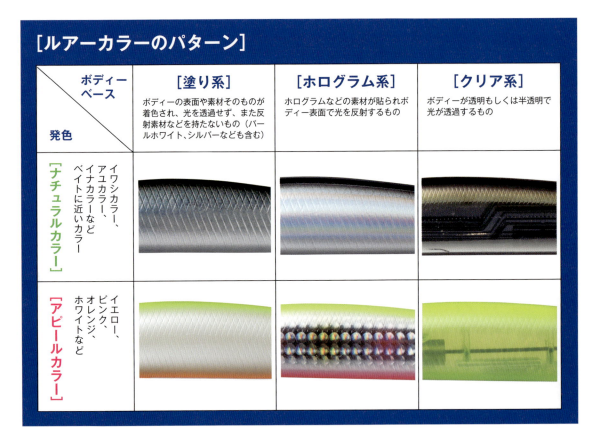

実際に釣り場ではナチュラルカラー＋ホログラム系、アピールカラー＋塗り系の相反する両極端のカラーリングと、その間に位置するナチュラルカラー＋クリア系、アピールカラー＋クリア系という4パターンをベースにルアーを使い分けていることが多い。シチュエーションによっては、その4パターン以外のアピールカラー＋ホログラム系なども使うことがある。

最も大切なのは、落ちアユシーズンだから「非常にナチュラルでリアルな落ちアユカラーでないとダメ」ではないということ。ルアーの背中が黒であろうが青だろうがネイビーだろうが、そこまで細かいマッチングは必要なく、ルアー全体

Q. ベイトのマッチング・ザ・カラーは、どこまで重要なのか？

A. 完璧な色合わせは不可能なのでナチュラルなら全体的にナチュラルというレベルでOK！

より水に溶け込むナチュラルなホログラム系と、より視認性が高くルアーの輪郭がくっきり出るアピールカラーの塗り系を両極に、状況に応じてその中間色も効果的に使う

［山本流ルアーカラーの使い分け］

相反

- **●ホログラム系ナチュラルカラー**
  クリアウォーターのデイゲームで最も食わせやすい
- **●クリア系ナチュラルカラー**
  神経質なシーバスに口を使わせやすい
- **●クリア系アピールカラー**
  神経質なシーバスの攻撃性を引き出す
- **●塗り系アピールカラー**
  シルエットがはっきり出るためシーバスに見破られやすいが、水が濁っている時のアピール力は高い

としてナチュラルであれば充分と考えている。

参考までに、水が濁っている場合はルアーカラー云々よりも「波動」を重視する。たとえばデイゲームで水が濁っている場合は金の反射がよく効き、光量が少ない濁った水中で見えにくい赤でシルエットが小さく見える赤金がセオリーとされているが、実際にシーバスを誘うのは波動であって、釣り人にとって視認性がよく見やすいルアーを選べばよいのだ。

タックル ④ こだわりのスピニングリール

より細イトでビッグフィッシュが釣れる信頼度の高いリールがLBD

細ハリスで大魚をゲットする磯のフカセ釣りに驚愕し、シーバスをはじめ、私にとってはあらゆるルアーフィッシングになくてはならない存在。それがレバーブレーキ付きスピニングリール

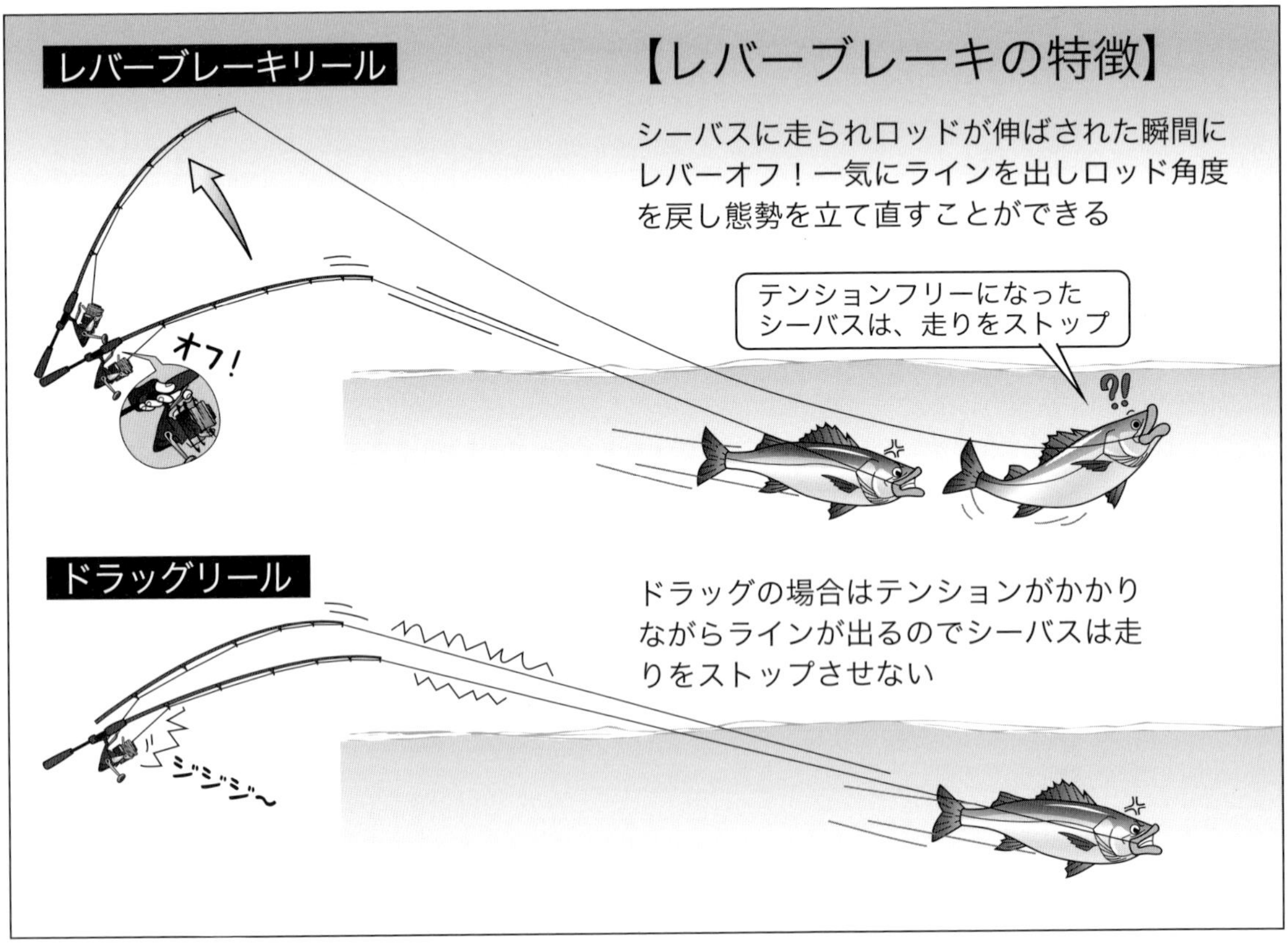

僕が使用するスピニングリールはすべてレバーブレーキ付きだ。マグシールド採用で水や粉塵をシャットアウトする『モアザン』や磯釣り用の『トーナメントISO』のLBDを使用する。レバーブレーキでラインの出し入れを自分の意志で行なうマニュアル的なやり取りをすることで、よりデカイ魚が細いラインで取れるのだ。車にたとえるとドラッグがオートマチックなのに対し、レバーブレーキはマニュアル車。レバーブレーキにドラッグも付いたLBDはF1マシンのようなセミオートマといえるかもしれない。

そもそもレバーブレーキに着目したのは釣り雑誌に頻繁に掲載される磯釣りの記事がきっかけ。20年ほど前のことだ。それ以前はフロントドラッグのリールでバスやシーバスを釣っていた。ところが磯釣り、特にグレのフカセ釣りの記事を読むと1・5号という細いハリスで外道の70㎝、80㎝というメジロを釣ったなどとサラッと書いてあって「磯釣りの人ってすごい！」と本気で驚いた。そのフカセ釣りファンの多くが使っているのがレバーブレーキリールだったのだ。

レバーブレーキがドラッグと大きく違うところは、ラインを瞬間的にフリーで繰り出せること。テンションがかかりながらラインが出ていくドラッグとは違い、とっさの判断でテンションフリーにすることで根ズレを避けることができ、いきなりノーテンションにされた魚は自由になったと勘違いするのか早い段階で疾走をストップさせる。この「走らせて止める」という行為はドラッグリールでは

Q. レバーブレーキとドラッグの最大の違いはどこ？

A. 車にたとえると、自動的にラインの出るドラッグがオートマなのに対し、レバーブレーキは自分の意志でラインの出をコントロールできるマニュアル操作のレーシングカー

リバーシーバスの強引をいなし、疾走をくい止め、ライトラインの強度をフルにサポートするのがレバーブレーキ付きスピニング。自分の意志で、すべてのマニュアル操作が人差し指1本で行なえるのが最大の武器

［愛用のレバーブレーキ付きスピニング］

①モアザン 2510PE-SH-LBD（写真上）
②トーナメント ISO 3000SH-LBD
（スプールはモアザン 2508PE LBD）（写真下）

モアザン ブランジーノ AGS89.5MML フィンガーティップカスタムとモアザン AGS86LLX ショートバイトコマンダーには①のモアザンを組み合わせる。シーバス専用に開発されたドラッグ付きレバーブレーキリールでボディー部、ハンドル軸などのマグシールド化で耐久性、回転性能が大幅にアップ。①②ともにスーパーハイギアだがトーナメントのほうが、さらにギア比が高くルアーの回収が早いため、いろいろなルアーを使うロッド＝モアザン AGS90ML バーサタイルコマンダーと組み合わせている。ただし磯用なのでスプールが深いためモアザンのシャロースプールにチェンジする

難しい。ベールをオープンにすることで同様の効果は期待できるが、それを指先ひとつのオンオフ操作で簡単に行なえるのがレバーブレーキ最大の利点なのだ。

シーバスは根に入る魚ではないが、期待したのはレバーブレーキを使いこなすことで、より細いラインで大きなシーバスが釣れることだった。今ではシーバスだけでなく、あらゆるルアーフィッシングで使用しており、とにかく使えば使うほどその経験値をフィードバックできる。極細2〜3lbラインのメッキねらいや、渓流のアマゴねらいでもLBリール。それぞれの外道であるシーバスやサツキマスやニゴイが掛かっても、あわてることなく対応できるのだ。今ではレバーブレーキなしだと釣りができないと考えるまでになった（笑）。磯の青ものや南海のGTでも使っている。

使い始めはLBオンリーで、まだドラッグ付きのLBDがなかった時代。個人的には別段LBDでなくても大丈夫だと思っているが、瞬間的にロッドを伸ばされそうになりレバー解除が間に合わなかった場合にドラッグも併設されているとラインブレイクを防いでくれることがある。きっちり設定しておけばロッドとラインが一直線になる一歩手前でラインがジジッと出てくれるので、まだレバーブレーキに慣れていないアングラーにはありがたい機能だ。

リバーゲームで使用するスピニングリールは2500〜3000番が基本装備となっている。これにレバーブレーキ付きを選ぶのが私流なのだ。

タックル ⑤ 獲るためのロッド

主導権と飛距離を得るために パワフルかつ9ftというロッド選択

使用ラインが決まればロッドが決まる。パワーは使用リールと自分のやり取り。長さはある程度の遠投性能を優先。ティップはシーバスがルアーを吸い込みやすい柔軟なもの。これが選択基準だ

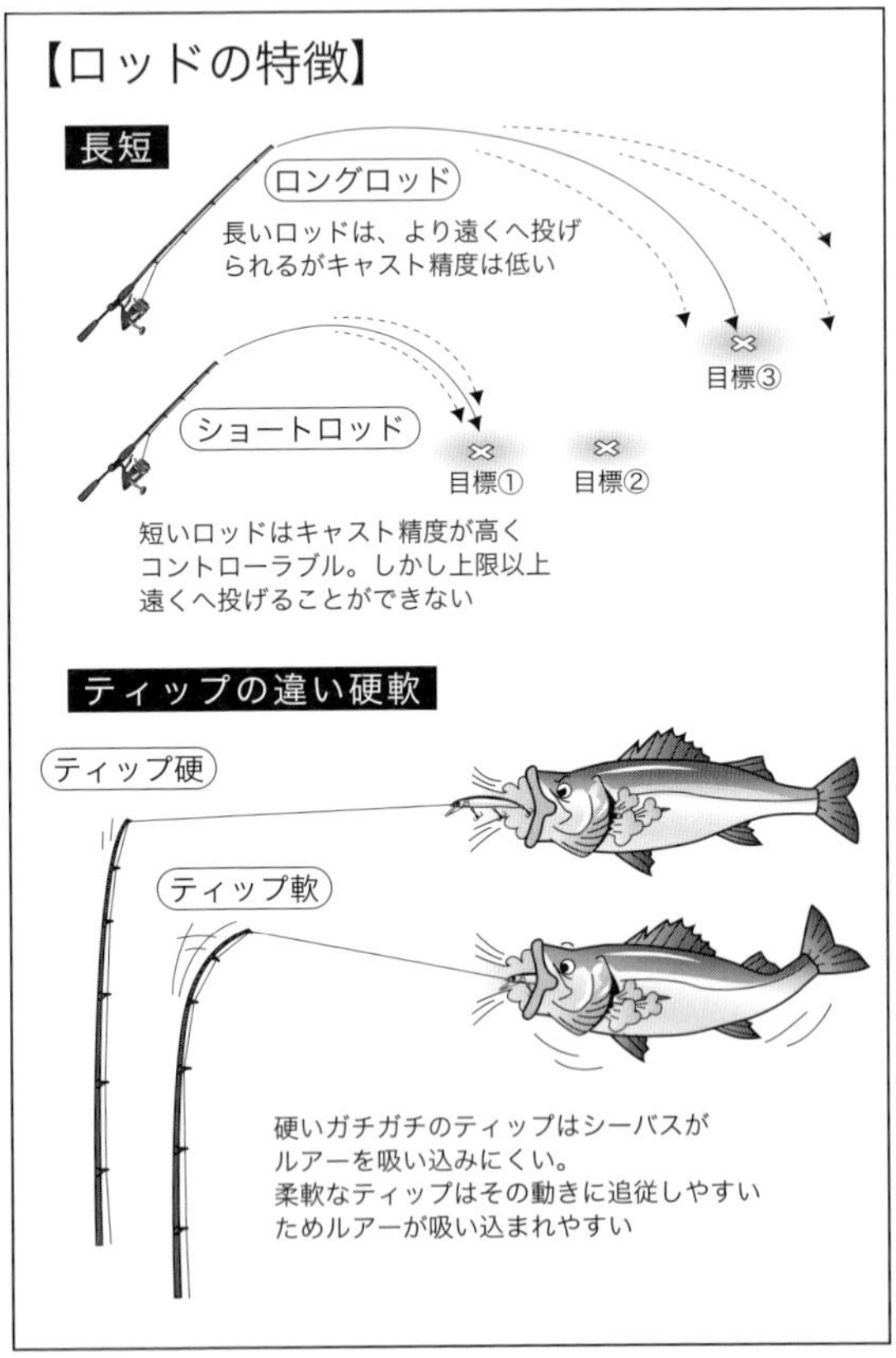
【ロッドの特徴】
長短
ロングロッド
長いロッドは、より遠くへ投げられるがキャスト精度は低い
目標③
ショートロッド
目標①
目標②
短いロッドはキャスト精度が高くコントローラブル。しかし上限以上遠くへ投げることができない
ティップの違い硬軟
ティップ硬
ティップ軟
硬いガチガチのティップはシーバスがルアーを吸い込みにくい。
柔軟なティップはその動きに追従しやすいためルアーが吸い込まれやすい

PE0・6～0・8号というライトラインの使用を考えると、一般的に使用ロッドのパワー（調子）はLもしくはLMLがベストバランスだろう。しかし僕自身のやり取りを考えるとPE0・6号に対して若干オーバーパワーのMML、MLのほうがマッチする。流れのある川で掛けた大型シーバスから強引に主導権を奪うには、ある程度のパワーが必要なのだ。それでいてライトラインの強度を確実に生かすには、しっかり曲がり込んでくれる粘りも必要だ。

多くのアングラーのやり取りはライン強度とドラッグを信頼した綱引き的な感じだが、僕の場合、ドラッグ設定はロッドがノサれかかった時にようやくラインが出るようになっている。というのも、やり取りのほとんどがレバーブレーキのオンオフによるものだからだ。ラインを止める&出すを基本に、微妙なラインの出し入れまで含めたマニュアル操作。これでラインブレイクを回避するわけだが、そこで重要なのが的確にロッドとライン角をキープすること。これは磯のグレ釣り、フカセ釣りで学んだことだ。

フカセ釣りで使う柔軟な磯ザオのようにロッドを立ててラインとの角度を鋭角にキープすると、ライトラインでもロッドはきっちり曲がり込んでくれるのだ。こうすることでラインにかかる負担はロッドが吸収軽減し、魚にはテンションが大きくかかるベストな状態。しっかりロッドを曲げ込むには若干オーバーパワーのロッドのほうが魚を誘導しやすく、角度もキープしやすい。

ロッドレングスは大河川なら遠投が効く10ft以上がほしいところ。小河川なら8ft前後の短いテクニカルロッドがマッチする。しかし、とんでもない大遠投の必要はないが、ある程度の規模河川でロングキャストまで視野に入れて考えると、9ftクラスのロッドが一番使いやすいのではないだろうか。

当然ながらロッドが長くなるほど、ロングキャストになるほどキャスト精度は低下し、逆に高精度キャストのできるショートロッドは遠投能力には欠ける。このどちらを優先するか？　となった場合に僕は飛距離を取る。キャスト精度は反復練習することである程度の向上が可能だが、ロッドキャパによる飛距離には限度がある。これが9ftクラスのロッドを選ぶ理由だ。

またロッドティップの柔軟性も重要。アタリが手もとに伝わった時すでにシーバスは反転しているのでルアーの吸い込みがよいほど、口の奥に掛かりフックが外れにくくなる。ライトラインで直線的に操作しているため魚がルアーを口にした時に、ロッドティップにその動きが素早く伝わる。そのティップが硬くガチガチだとルアーを吸い込みにくい。たとえば『モアザンブランジーノAGS89.5MMLフィンガーティップカスタム』のようなソリッド製柔軟ティップだと、スッと曲がり込んでルアーの吸い込みを妨げにくい。MMLでバットはオーバーパワー気味だが、ティップはLクラスの軟らかさなのだ。

Q. レバーブレーキリールを使う場合のロッドはドラッグリール使用時とは違うのか？

A. ライン角度を鋭角にキープしてやり取りするため若干オーバーパワーのロッドがマッチする

[リバーシーバスのメインロッド]（左から）

①モアザンブランジーノ AGS89.5MML フィンガーティップカスタム
レバーブレーキリールを使って超大型を獲る→ラインをより細くできる→より軽いルアーが使える。というコンセプトで開発したロッド。高感度の「メガトップ」ソリッド素材採用、私がリバーシーバスでメインとするロッド

②モアザン AGS86LLX ショートバイトコマンダー
激渋のシーバスに対しオープンウォーターの水面を流れる稚アユ、川エビなどのマイクロベイトパターンでロングキャストでねらう時に、PE0.3 号前後のライトラインを生かし食わせるウルトラライトなロッド。モンスタークラスをねらうロッドではないが、私は 90cm オーバーもゲットしている

③モアザン AGS90ML バーサタイルコマンダー
長すぎず短すぎずの 9ft でかなりの遠投ができ、超軽量ブランクスを採用したことと相まって特に操作性に優れたロッド。あえてチューブラーティップにしているのは、ルアーの非常に細かくシャープな動きを演出するため。バイブレーションプラグを跳ねさせたりする時などに有効

バットはオーバーパワー気味、ティップはＬクラスの柔軟さを持ち合わせたロッドが理想。ガチガチのティップではシーバスがルアーを吸い込みにくく、やり取り中にフックが外れやすい

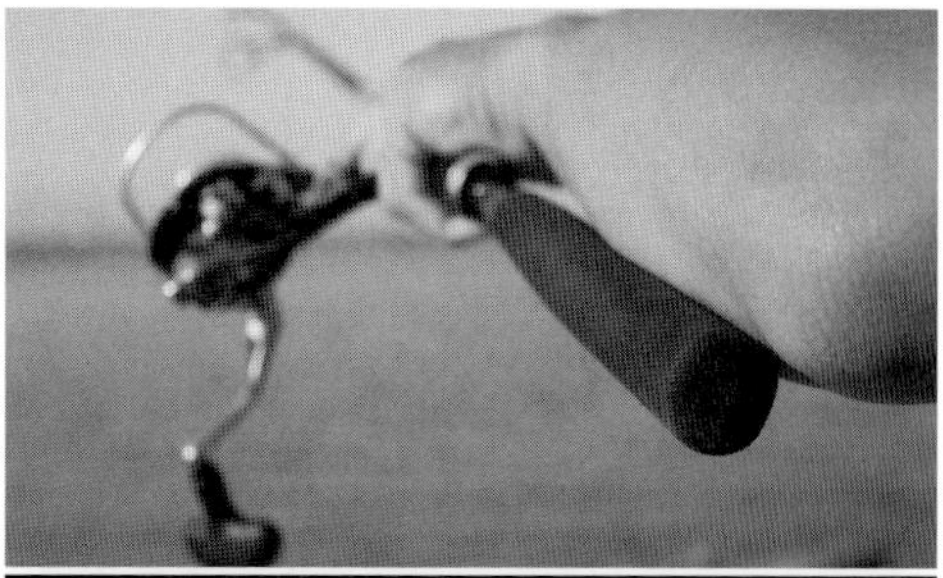

モアザン ブランジーノ AGS89.5MML フィンガーティップカスタムのグリップエンドは、ヒジに当ててやり取りしやすい扇状のセミトライアングル形状。ライトライン使用時により繊細で緻密なロッドワークが可能になる

タックル ⑥ ルアー選びの基準

食わせ優先か？ キャッチ率優先か？ 二者択一のルアーセレクト

当然マッチング・ザ・ベイトは考えなければいけないが、
より大切なのが食わせることを優先するのか、確実にキャッチすることを第一とするか。
その中間的な部分を含めてTPOに応じ最も効果的なルアーを選ぶのが基本だ

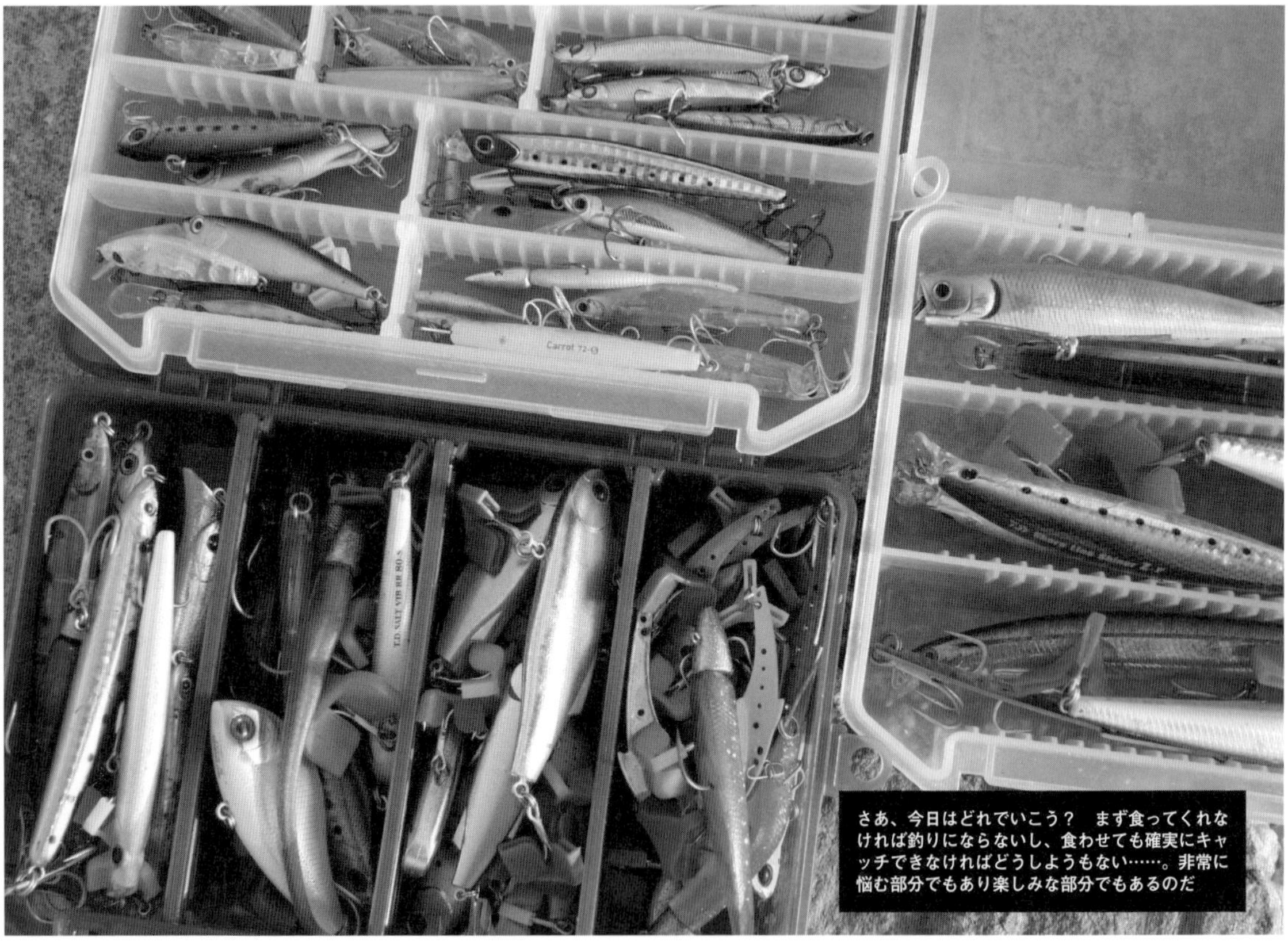

さあ、今日はどれでいこう？ まず食ってくれなければ釣りにならないし、食わせても確実にキャッチできなければどうしようもない……。非常に悩む部分でもあり楽しみな部分でもあるのだ

スピナーベイトやクランクベイトなどシーバスフィッシングでは一般的ではないルアーを使うのも面白いわけで、基本的にルールやマナーから逸脱しなければ釣りは個人の自由である。自分の好きなルアーを使えばよいと思っている。

リバーシーバスゲームにおいても目的が数釣りなのか大型なのか、数も型も欲張るのか、それによって選ぶルアーは変わってくるが、シーバスを食わせることだけを考えた場合、ナチュラルに流せるワームが一番だ。ただモンスターねらいに特化すると大型を掛けた場合、やり取りの時間が長くなり何回もエラ洗いをされハリ穴が広がりやすくなる。対モンスター使用ルアーはフックアウトしにくいことが前提。それでいくと3フックシステムでボディーが軽くシーバスが頭を振っても外れにくいミノーがナンバーワンになる。

最も食わせやすいワームと、最もキャッチしやすいミノーの間にリアクションで口を使わせることができるバイブレーション、アピール力があり水面という壁のおかげで偽物に見破られにくいトップウォータープラグが位置付けられる。

ミノーで流すか、バイブレーションでリアクションを誘うか、トップウォーターでアピールするか、ワームで食わせるか。やはり、この時も確実にキャッチしたいのか、より多く食わせたいのか、いずれかの判断で決めている。両者兼ね備えたのが比較的食わせやすくフックも外れにくいシンキングペンシルだ。「それならシンペンだけ使ったらいいのか」となるかといえばそうではない。シンペンは

Q. 食わせやすくフックも外れにくいルアーはどれなのか？

A. ずばりシンキングペンシル！ ただし釣り方が制約されるので、あらゆるシチュエーションで使えない

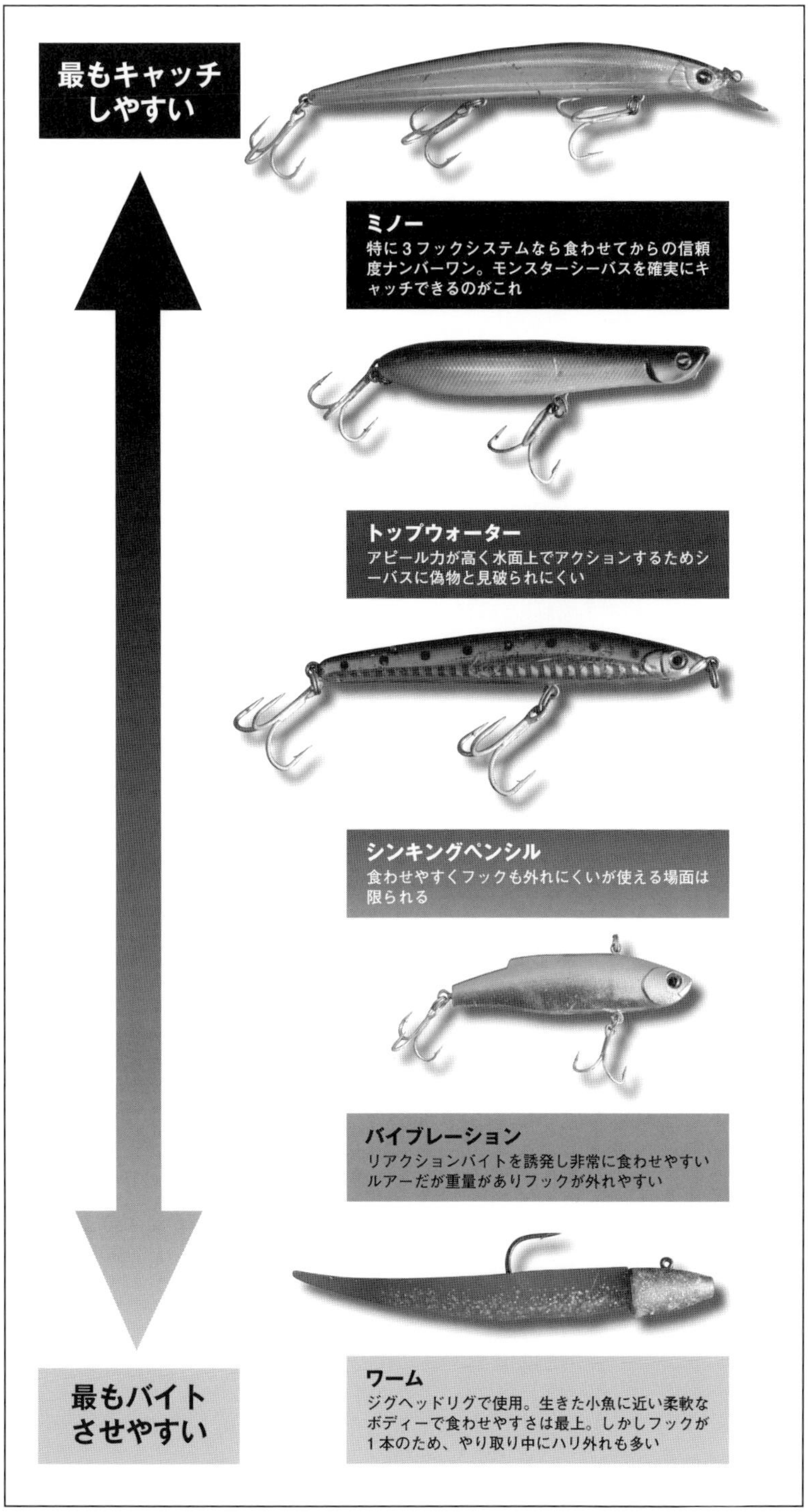

最もキャッチしやすい
ミノー
特に3フックシステムなら食わせてからの信頼度ナンバーワン。モンスターシーバスを確実にキャッチできるのがこれ
トップウォーター
アピール力が高く水面上でアクションするためシーバスに偽物と見破られにくい
シンキングペンシル
食わせやすくフックも外れにくいが使える場面は限られる
バイブレーション
リアクションバイトを誘発し非常に食わせやすいルアーだが重量がありフックが外れやすい
ワーム
ジグヘッドリグで使用。生きた小魚に近い柔軟なボディーで食わせやすさは最上。しかしフックが1本のため、やり取り中にハリ外れも多い
最もバイトさせやすい

リップがないので速い流れのなかではクロスでヨタヨタ流すことはできても、ダウンに投げてアップで引くと浮き上がってしまう。クロスの場合も少しリトリーブスピードがズレると浮き上がったり沈んだりする。

ポイントに合わせ、どのルアーをどのように使ってどのように攻めたら大型が口を使い、そして釣れるのか？ それを考えるのが楽しみでありこの釣りの妙味でもある。「すべてのルアーを効果的に使う」のがリバーシーバスのルアーセレクションを考えるうえで前提となってくる。

リバーゲームでのメインベイトをアユやウグイなどのスリム系、フナやブルーギルなどの偏平系に分けて考えると、スリム系はミノーで流れが速い瀬の釣り、偏平系はバイブレーションで流れの緩いトロ場の釣りといったマッチング・ザ・ベイトを意識した釣りとして組み立てられる。

タックル ⑦ 先発率ナンバーワン／ミノープラグ

サイズは9～17㎝
生命体比重のシンキングが最高！

ミノーはシーバスフィッシングを代表するルアーといわれるだけあって、さまざまなものが市販されている。なかでも山本典史がリバーゲームで多用するのが9～17㎝。流れの中でタイトに動くシンキングタイプだ

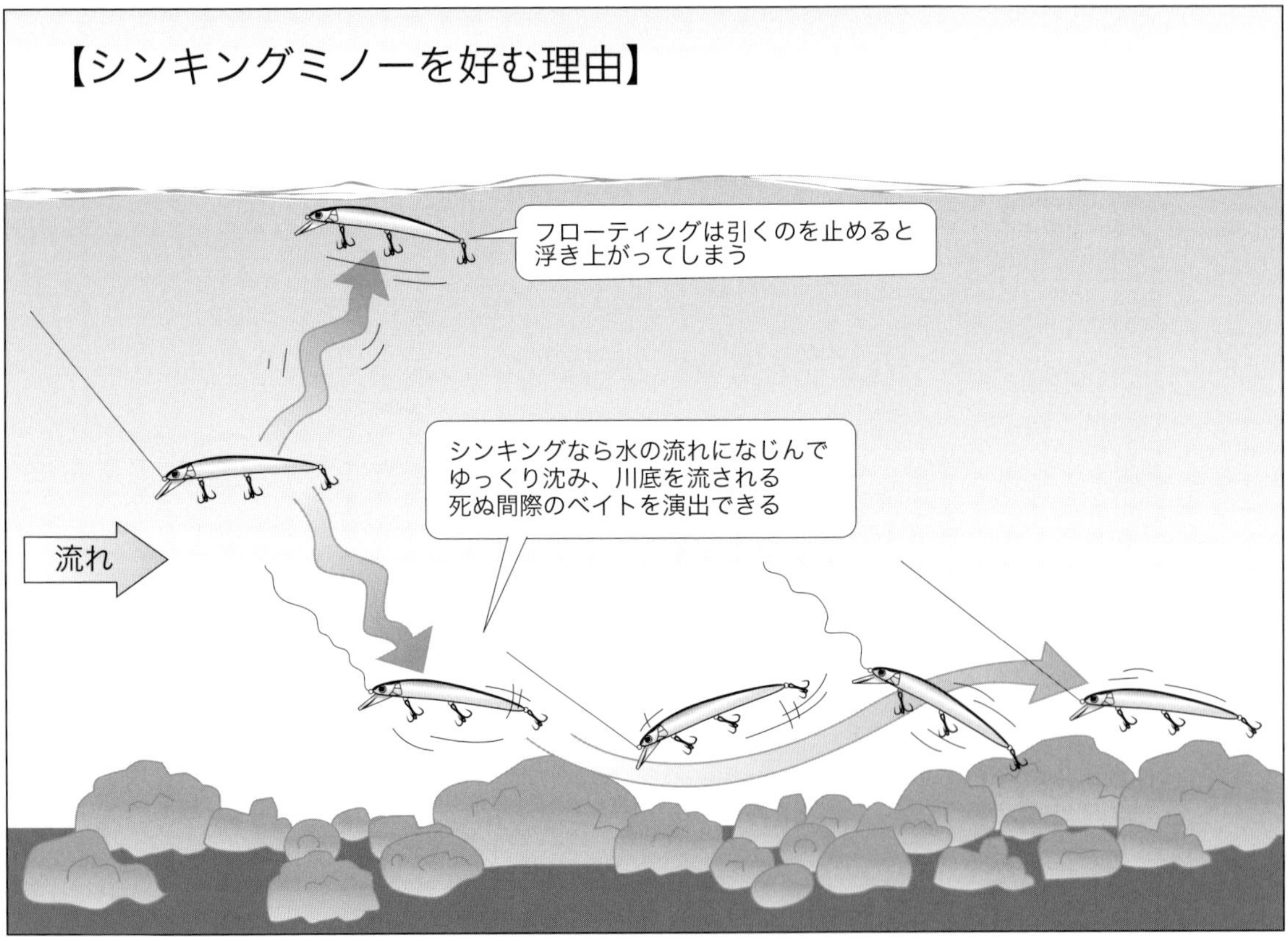

河川で使うミノープラグは小さくても9㎝、最大で17㎝前後だ。落ちアユの時期だけでも9～17㎝までを使い分ける。ではなぜ9㎝以下を使わないかというと、リップで水流を受けて泳ぐミノーの特性を考えた場合、ボディーサイズとのバランスで装着できるフックがかなり小さいものになってしまうのと、当然小型であるぶん、軽量のため飛距離も制約されてしまうからだ。

ミノーはシンキングとフローティングに大別されるが、浅いポイントでもシンキングを使うことが多い。僕は人よりリトリーブスピードが速いのでシンキングのほうがきっちり泳いでくれることも理由だが、フローティングにくらべるとシンキングのほうがタイトな動きをすることから、好みのルアーが多いのだ。

「生命体比重のルアーが最高」とよく説明するが、魚は死ぬと腹を返して浮き上がってしまうが、死ぬ間際や死んですぐは川底に沈み転がるように流れていく。まさにシンキングミノーは引くのを止めると水になじんでゆっくり沈み、川底を転がる様子を再現できる。これは止めると浮き上がるフローティングミノーでは不可能なのだ。

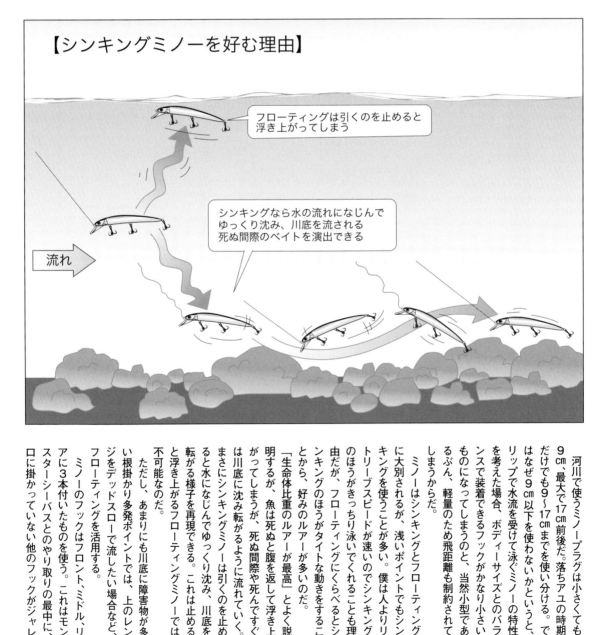

ただし、あまりにも川底に障害物が多い根掛かり多発ポイントでは、上のレンジをデッドスローで流したい場合など、フローティングを活用する。

ミノーのフックはフロント、ミドル、リアに3本付いたものを使う。これはモンスターシーバスとのやり取りの最中に、口に掛かっていない他のフックがジャレ

Q. 3フックシステムはフックサイズが小さく心配だが？

A. ジャレ掛かりが期待でき、強引で無茶なやり取りをしないかぎり大丈夫。

①

②

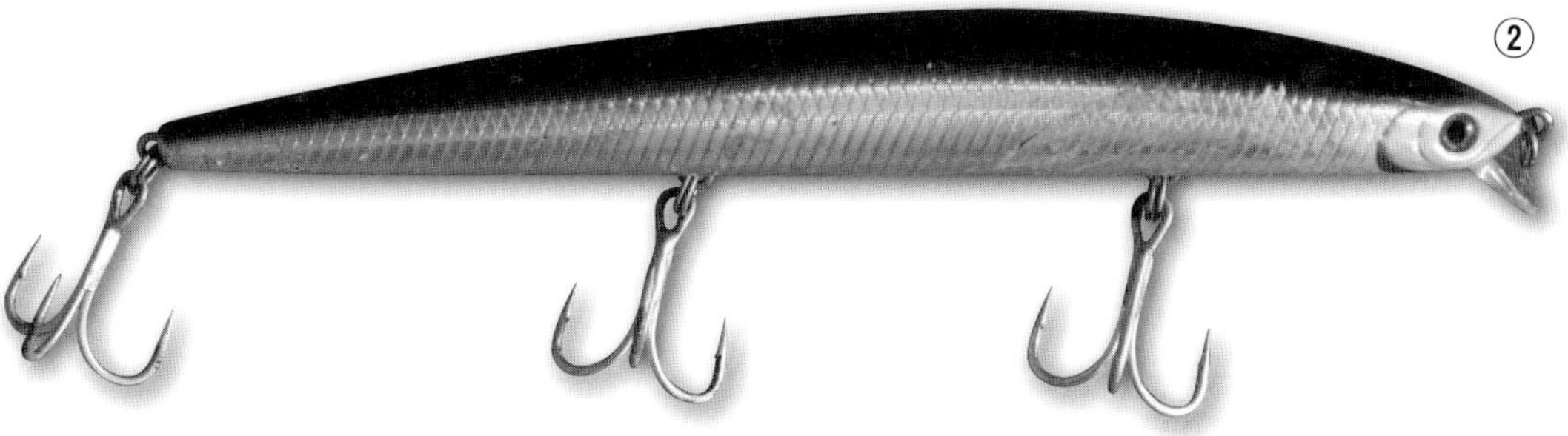

③

[常用ミノー]

①モアザン エックスロール 128S-WS（ダイワ）
きっちり水をかむのでトロ場でもしっかりタイトロールで泳ぎ、瀬をダウンからアップに水圧をかけて引き上げた際にもバランスを崩さない。私がこだわりをもって開発にかかわったルアーで「ほぼ生命体比重」という特徴を持つ。

②ショアラインシャイナー SL14LD S-G
エックスロールのタイトロールよりも、やや横振りが大きいアクション。LD はロングディスタンスの略で遠投性能に優れているが、長さの割には非常にスリムでボリュームが抑えられていて食わせやすいルアー。

③ショアラインシャイナー Z 97F
コンパクトボディーでありながら、ややファットで重量がありフローティングタイプとしては非常に飛距離が出る。水かみもしっかりしており緩い流れや速い流れでも、アップからダウンに引く時でもきっちり泳いでくれるのが特徴。
（フックはすべてカルティバ・STX-58 ＃ 4）

掛かりするのを期待しているから。3フックシステムは2フックのミノーよりフックサイズが小さくなるが、極端に強引なやり取りをしないかぎり問題はない。

3フックシステムのミノー。ファーストバイト後にほかのフックもジャレ掛かりすることで、少々のことではフックアウトしない安心感が、やり取りに余裕を生みモンスタークラスのシーバスキャッチ率をアップさせる

タックル ⑧ 橋脚周りで活躍／シンキングペンシル

ナイトゲームの食い渋り時 明暗部の境目スペシャリスト

シンキングペンシルはスリムで軽量のためシーバスの口に吸い込ませやすく
フックも外れにくいルアー。ただし、ゆったりした流れ限定だ。
橋の街灯に照らされた明暗部の境目をトレースする時、最大限に力を発揮する

シンペン最大の活躍の場が、橋上から川面を照らす街灯の光でできた明暗部の境目。流れが緩いことが条件だが、この境目をきっちりトレースできるのが強み

ナブラ打ちで高速ダートさせることもできるシンキングペンシルだが、リバーゲームではほとんど存在しないシチュエーション。リバーゲームでの役割は、ゆったりした流れを横切らせて使うのがメイン。出番が回ってくるのはミノーでの反応が悪く食い渋る時。リップがないシンペンはシーバスの口に吸い込まれやすく、また軽いのでフックが外れにくいのが特徴。

最大の活躍の場は何といってもナイトゲームで橋上の街灯に照らされた川面の明暗部の境目ねらいだ。利点は緩やかな流れであればタダ巻きでルアー着水点から足もとまでロッドワークを駆使して明暗部をきっちりトレースできる点。ずっと境目を通せる……というワケではないが、かなりの回数、明暗部を出たり入ったりさせることができるため、それだけアピール力が高くバイトチャンスを増やすことができるのだ。

また、ここぞというところでラインテンションを抜いてフリーフォールさせる、その瞬間または次にテンションをかけた時に食ってくることが多く、そのタイミングに集中することでフッキングミスも防げる。

フックは流れを横切らせて釣る時のハリ掛かりのしやすさ、シーバスの口内への吸い込まれやすさを考えると小型軽量タイプの使用がベター。逆に吸い込ませることでモンスターに対しても軽量小型フックで充分ともいえるわけで、その結果ルアーのボディーサイズも小さいものが使えることになる。

Q. シンペンはタダ巻きだけでOKなのか？

A. 要所でフリーフォールさせると効果的。フォール後の引き始めにドカン！

①

②

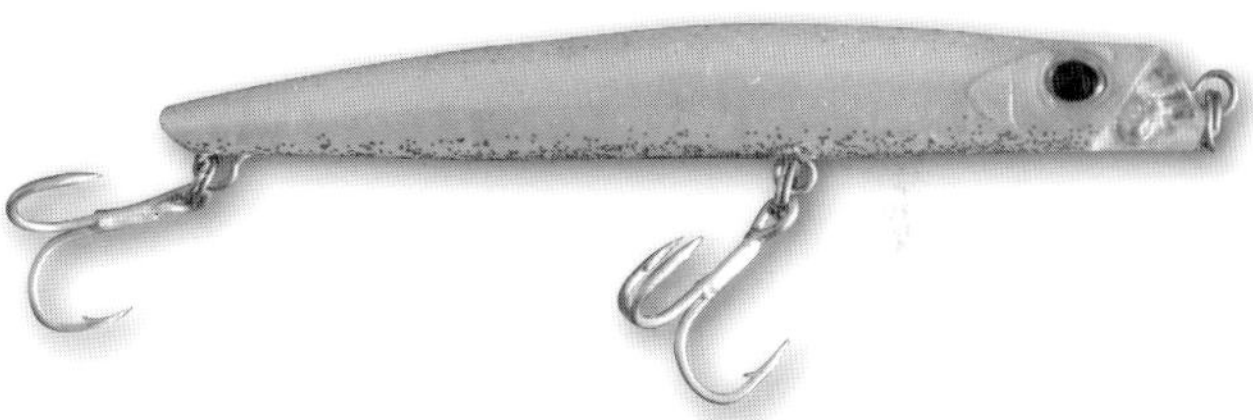

③

④

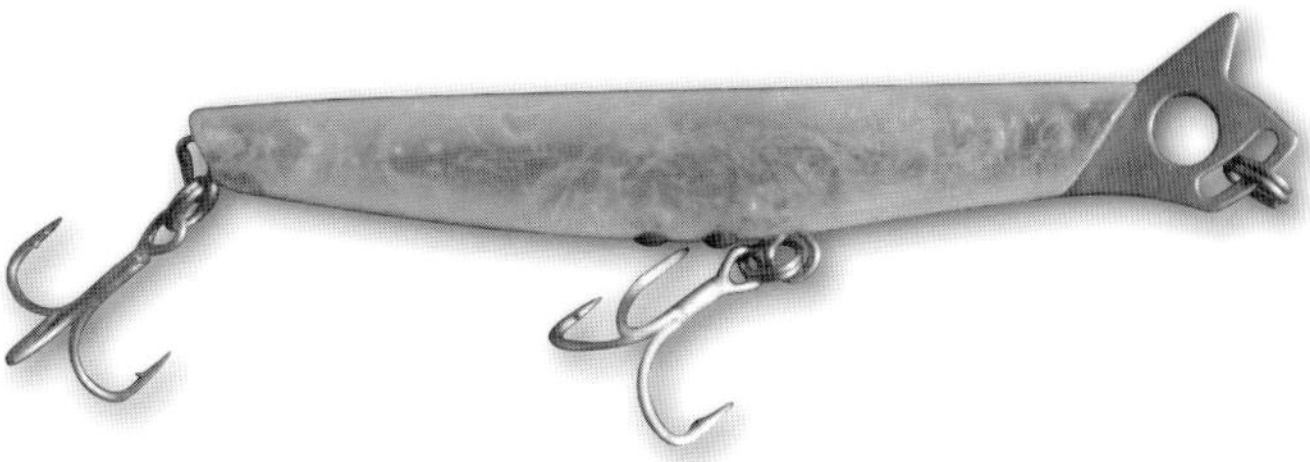

[常用シンキングペンシル]

①レイジー 95S（ダイワ）
この４つのなかでは最もボディーサイズが大きく飛距離が稼げるルアー。シンペンでありながら水かみがよいため浮き上がりにくく速めのリトリーブが可能。そのため動きの幅も大きくミノー的な使い方もでき、フックもカルティバ STX-58 の＃４がセットできる。

②モアザン レイジースリム 88S
水面を漂うボラやバチなどに似せて水面直下をフラフラ、クネクネ泳がせることができるルアー。スリムシェイプで大きいフックはボディーに絡むので、小さめのフック、ST-41 の＃８をセット。

③月下美人 澪示威 6S
6cm ボディーサイズのなかでは同シリーズ最長飛距離が出るシンペン。つまりそれだけ重量があり速く引ける（浮き上がりにくい）のも特徴。フックも大きめの ST-41 の＃８が使えるので小型のルアーながらモンスタークラスがヒットしても問題ない。

④キャロット 72S
ヘッドのメタルプレートが水面を切り裂き引き波を立て、同時にシンペン独特のクネクネとした動きをする。マイクロベイトを選んで捕食するシーバスに効果があり、シンペンでありながらトップウォーターに分類してもよい感じがするルアー。ただミスバイトを防ぐためにフックは軽量小型の ST-21 の＃ 10 をセット。

タックル ⑨ 深場＆増水時の味方／バイブレーションプラグ

流れが速い・深い・遠いポイントでリアクションバイト誘発！

重量がありボディー全体で水流を受けるバイブレーションプラグは、遠投性能に優れ素早く沈みディープレンジのキープも容易。ボディー素材の違いによる波動を生かし、幅広いリアクションの釣りが可能

「リアクションバイトを誘う」ことがバイブレーションルアーのメイン使用法だが、フナ、ブルーギル、タナゴなどのベイトを捕食していることが多いシーバスに対してマッチング・ザ・ベイトを含めて重要な武器になる。強い流れのなかや深いポイントもきっちり入れることができ、独特の振動、波動でしっかりルアーの存在をアピールしてくれる。

従来、ボディー素材はプラスチックや樹脂だったが、近年は「鉄板」と呼ばれるメタル系やシリコン系も登場したことで、同じバイブレーションルアーでありながら、ボディー素材ごとに違う水中波動を発するため、バイブの釣りと一言で片付けられなくなった。

シリコン系バイブではよりナチュラルに誘う釣り、従来のプラスチック樹脂系なら定番のバイブレーション波動で食わせ、メタル系であればより強烈な波動でさらにアピール力の高い釣りが可能だ。

特にベイエリアで人気の高いメタル系は、より遠く、より深く、よりしっかり動かして攻めることができるので、従来は釣りきれなかった遠くて深いポイントや、また強い流れのなかでもリアクションの釣りが可能になり、より広い範囲を攻めることができるようになった。

ルアー自体に重量があるため沈下スピードが速く、押しが強い流れのなかでも着水点からそれほどズレることなく低層に到達し、ねらったポイントへ導き入れやすいのも特徴。また遠投力にも長けているため増水時も心強い。

Q. メタルバイブ、いわゆる鉄板系もリバーゲームで有効？

A. より遠く、深く、流れの速い場所で最大限に威力を発揮！

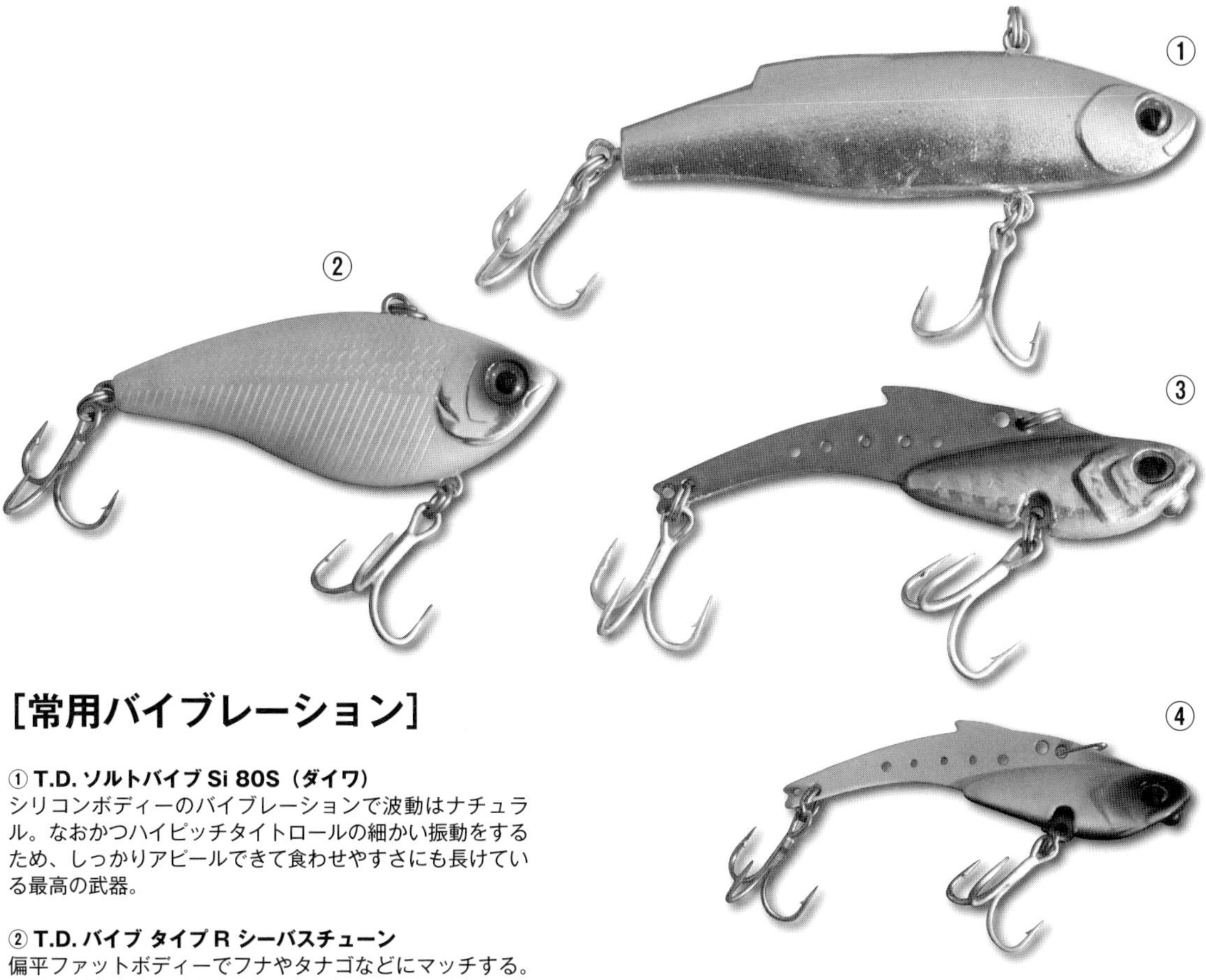

［常用バイブレーション］

① T.D. ソルトバイブ Si 80S（ダイワ）
シリコンボディーのバイブレーションで波動はナチュラル。なおかつハイピッチタイトロールの細かい振動をするため、しっかりアピールできて食わせやすさにも長けている最高の武器。

② T.D. バイブ タイプ R シーバスチューン
偏平ファットボディーでフナやタナゴなどにマッチする。水押しが強くバタバタ感の強い動きをするためアピール力も高い。ユラユラとフォールで誘う釣りもできるように、やや低比重になっており浅いレンジを引け、レンジキープ力も高い。

③モアザン リアルスティール 26
④モアザン リアルスティール 18
メタルバイブで重量があるため、より遠く、より深く、よりハイアピールで釣ることができる。大きい 26 はロングディスタンス用、軽い 18 は浅いレンジ用で使い分ける。

流れが速く水深もあって立ち込めないポイントでも、バイブレーションの遠投性能を生かせば対岸の流れを釣ることができる

タックル ⑩ 低活性時の最終手段／ワーム（ジグヘッドリグ）

食わせ優先ならワーム！ プラグ不発時のピンチヒッター

シーバスだってご機嫌ナナメのこともある。いくらミノーだシンペンだとこだわってみても口を使ってくれないことには釣りは成立しない。そんな時の最後の一手としてとっておくのがワームのジグヘッドリグ

【ジグヘッドの工夫】

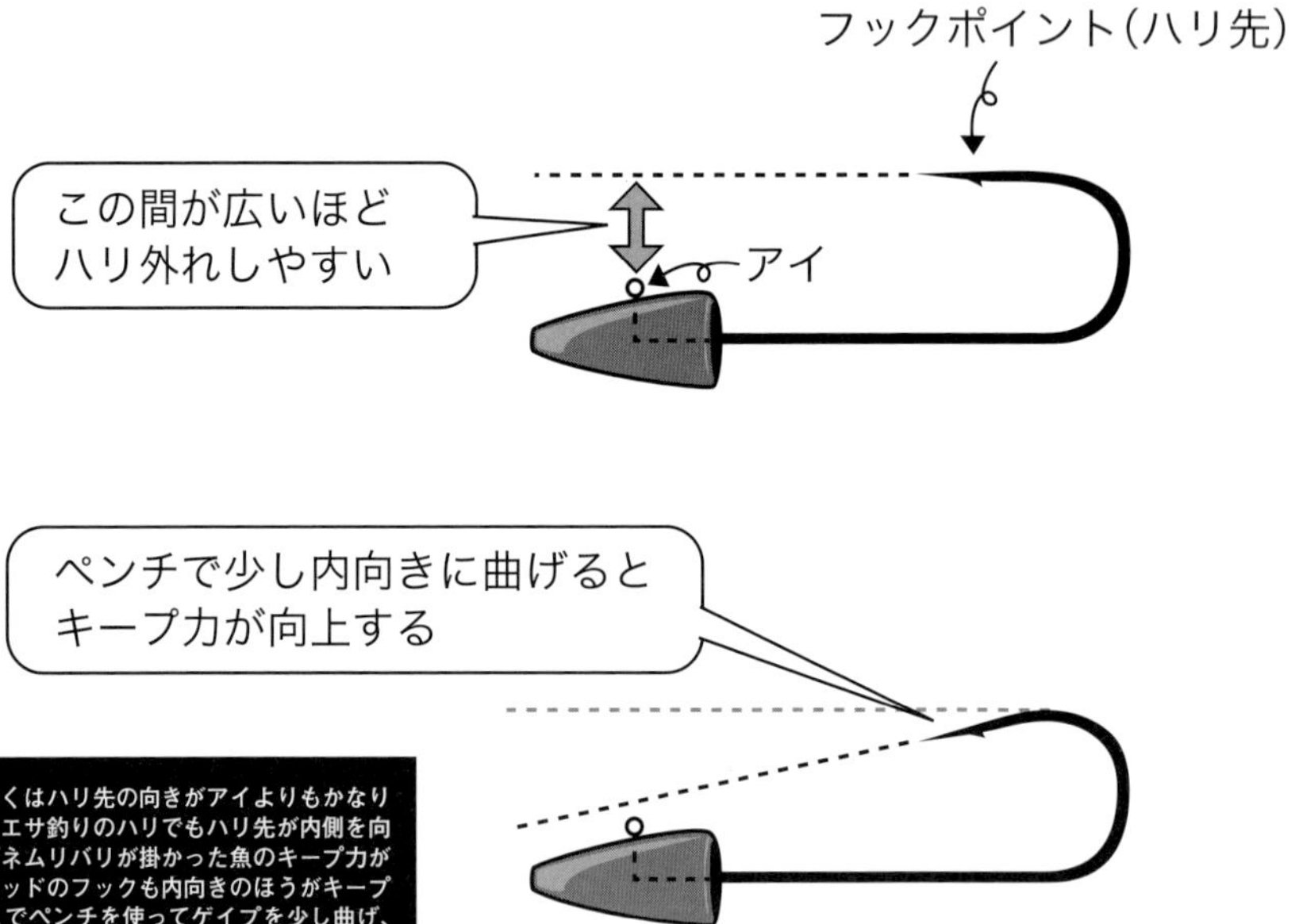

市販ジグヘッドの多くはハリ先の向きがアイよりもかなり外側を向いている。エサ釣りのハリでもハリ先が内側を向いたもの、たとえばネムリバリが掛かった魚のキープ力が高いように、ジグヘッドのフックも内向きのほうがキープ力は向上する。そこでペンチを使ってゲイプを少し曲げ、フックポイントができるだけアイ方向を向くようにしてやれば、多少なりともジグヘッドリグでのハリ外れは軽減される。またリーダーとアイの結び目が中央からずれないように固定するのもひとつの方法。以前はアイにPEをグルグル巻いて結び目が動かないようにしていた。

90㎝オーバーのモンスターねらいに限っていえば、ワームのジグヘッドリグはプラグ系ほど信頼を置いていない。なぜならファイト中にフックアウトしてしまうことが多いからだ。シングルフックというのも要因のひとつだと思っているが、フックとシンカーとの角度も関係していると思う。多くのジグヘッドはフックポイントの延長がアイのかなり上を通り、フックポイントの角度が外に開いているのが原因だ。

しかし、まったく使わないかというとそうではない。シーバスが口を使わないと釣りは成立しないわけで、ほかのルアーではどうしようもない場合にはワームの出番となる。

リグ自体、重いほうが飛距離も出るし、深いレンジも通せるのだが、できるだけ軽いほうがシーバスが頭を振った時に遠心力でフックが外れにくくベター。これらを考慮してマイクロベイトに対応する場合は2・2g、ベイトが通常の小魚類の場合は7g、14gのローテーションで釣っている。

使用するストレートワームは真っ直ぐで水中での動きが乏しいように思えるが、実際には水流を受けて微妙に尾を振っている。この滑らかな動きでナチュラルに誘えるのがワームの強さだ。ベイト、生きものに近い軟らかさを持っているのが最大の特徴なので、まったく波動が出ていないように思えて生命体に近いものが水中を通ることで独特の微波動が出ていると感じている。これが低活性のシーバスにワームが効く理由だ。

Q. ジグヘッドは軽いほうがベター？

A. 重いほうが飛距離も出るし深いレンジを通せるが、シーバスが首を振った時に外れやすいので可能なかぎり軽いものを選ぶ

①

②

③

[常用ジグヘッドリグ]

① DS-35 ＋シーバスジグヘッド SS 7 g（ダイワ）
② DS-35 ＋シーバスジグヘッド SS 14 g
水流を受けた時に、軟らかでヌメリ感のある動きが出せるように作られておりシーバスの捕食スイッチを入れやすいワーム。シーバスジグヘッドは表面加工を施した「サクサス」フック使用でハリ掛かり率が格段に向上した。

③月下美人ビームスティック（2.2in）＋月下美人 S.W. ライトジグヘッド鏃（2.2 g、＃ 6 フック）
マイクロベイト対応セットがこれ。月下美人ビームスティックは本来メバル用でボディーの柔軟さは抜群。極細ピンテールの耐久性も高い。月下美人 S.W. ライトジグヘッド鏃は数ある＃ 6 フック付きのなかでも、最もハリ軸が太く大型が掛かっても安心。

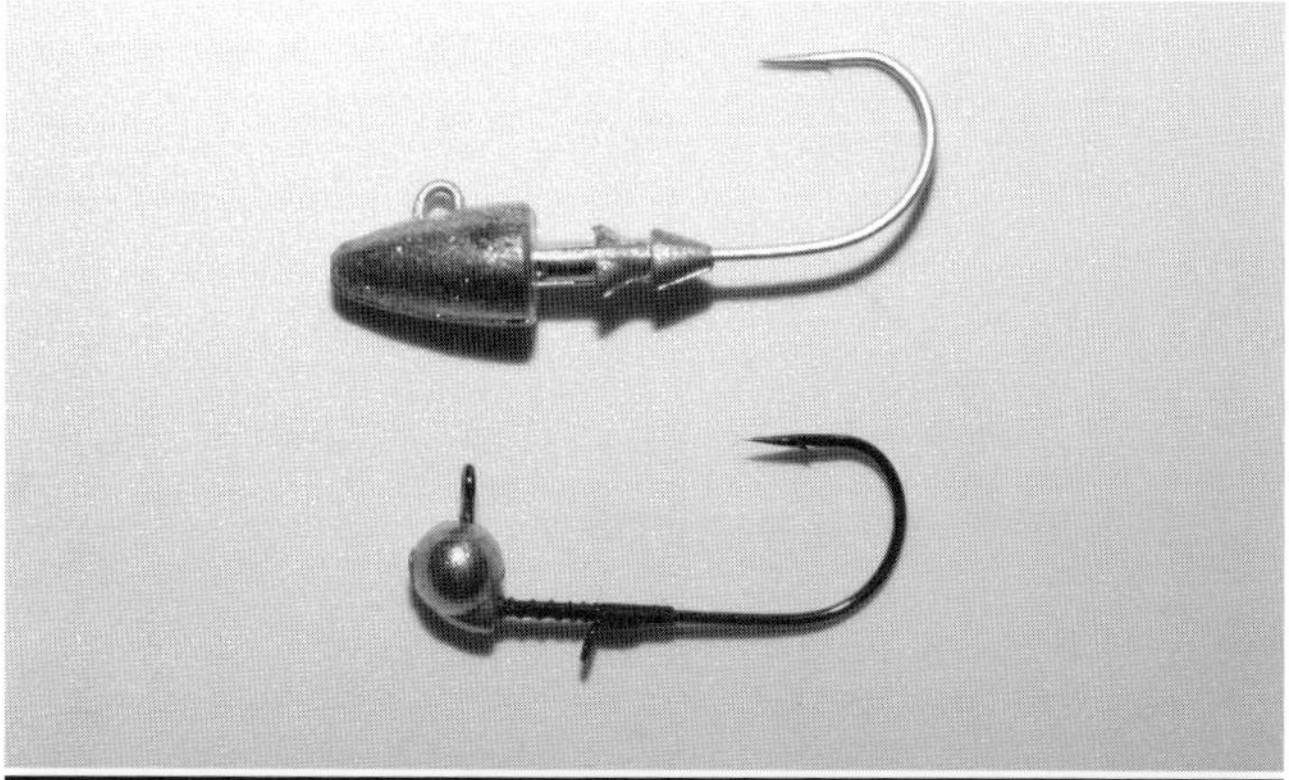
上のジグヘッドはフックポイントの延長がアイのかなり上を通るが、下のカルティバ・スウィングヘッド 1.8g、＃ 1/0（オーナーばり）はバス用だがアイの位置が高くフックポイントの延長がアイ先端に接近している。こういったジグジグヘッドを使用するのもよいだろう

街中を流れる小河川をジグヘッドリグでランガン

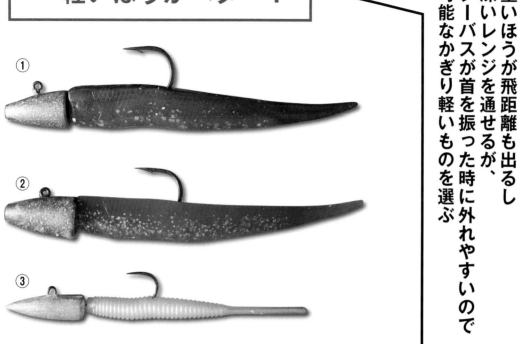

タックル ⑪ 誘引＆活性UP／トップウォータープラグ

警戒心が高く食い渋る魚にも波立つ水面ならバイト誘発!!

トップウォータープラグ、トップウォーターペンシルといえば独特の引き波が特徴。静かな水面でこそ目立って威力を発揮するかと思いきや、意外にも目立ちにくい波立つ水面使用で勝負が早い

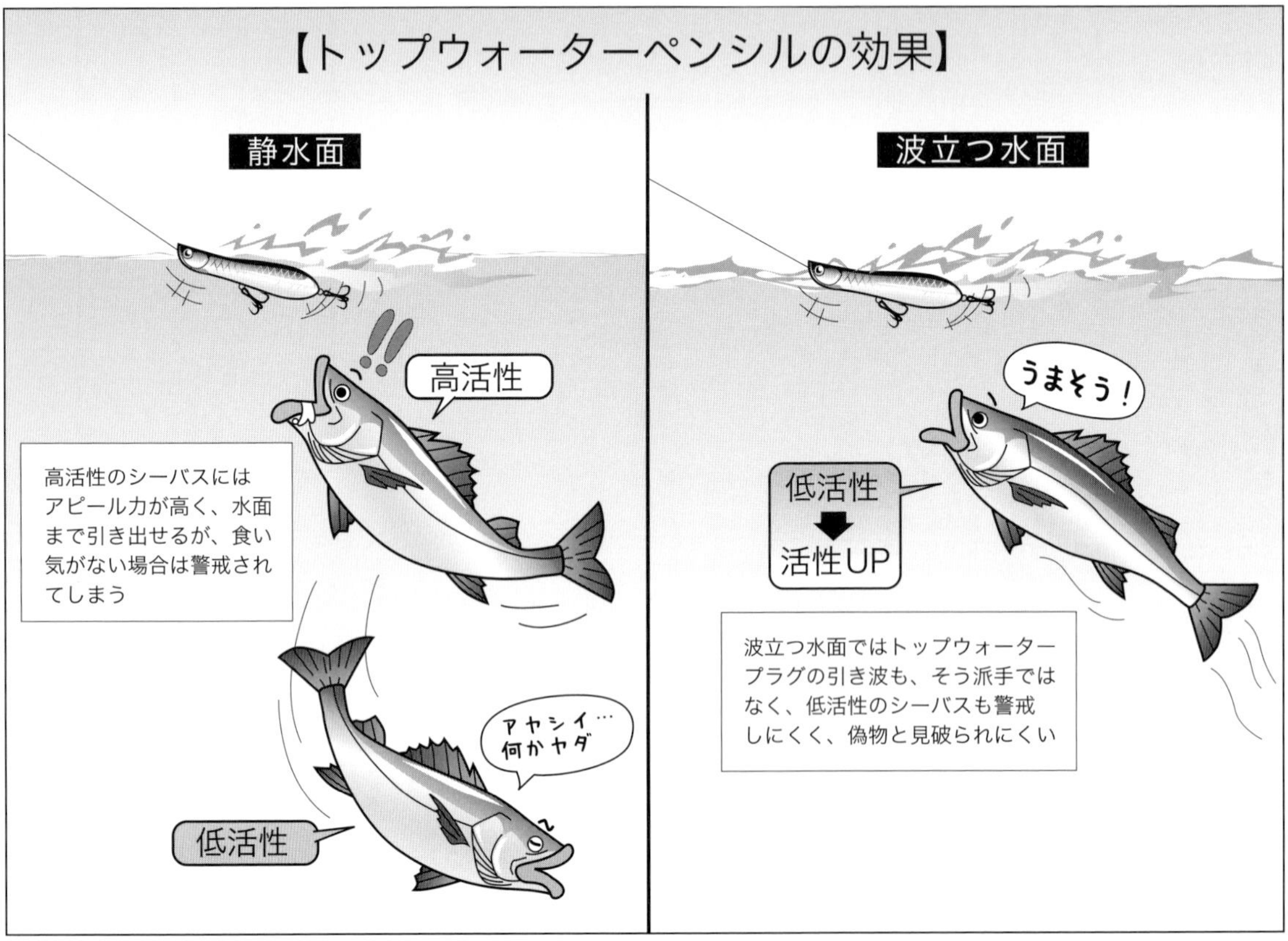
【トップウォーターペンシルの効果】
静水面
高活性
高活性のシーバスにはアピール力が高く、水面まで引き出せるが、食い気がない場合は警戒されてしまう
アヤシイ…何かヤダ
低活性
波立つ水面
うまそう！
低活性
活性UP
波立つ水面ではトップウォータープラグの引き波も、そう派手ではなく、低活性のシーバスも警戒しにくく、偽物と見破られにくい

トップウォータープラグのペンシルが効果的な場面は、落ちアユなどが水面をフラフラ流れてくる状況もそうだが、かなり上流まで遡るボラやイナッコといったベイトにシーバスがボイルを繰り返している時である。水面に鼻先を上げて斜めの体勢で泳いでいるボラをイミテートし、さらに派手にアクションをかけられるのがダイワの『モアザン スカウター110S』。ドッグウォークさせるなら『TDソルトペンシル』といった使い分けをしている。

フックはオリジナルからチェンジ。ダイワの『モアザン スカウター110S』にカルティバの『STX-58』の#3、『TDソルトペンシル110F』に同『ST-46』の#4をセットしている。『TDソルトペンシル70F』はオリジナルそのままの『ST-31』の#8。

水面に引き波を立てるのがトップウォータープラグの特徴だが、静水時には際立つもの波立ちのなかでは目立ちにくいのは、人間の目からも魚の目からも同じ。ということは波立つ日ほど魚から偽物と見破られにくいはず。食い気があるシーバスを水面に誘い出して食わせるだけでなく、警戒心が強く食い気がないシーバスでも波立つ水面なら見破られにくく口を使わせることができる。

真っ暗闇の水面でもピチャピチャ波動が拡散し非常にアピール力が高いため、食い渋り時こそ使いたい。これがトップウォーターペンシルに対する僕の考えだ。とにかく勝負が早いルアーであることは確かだ。

Q. ナイトでもトップウォーターペンシルの引き波は魚から見えるのか？

A. 引き波が見えなくても波動が拡散するのでシーバスに強烈にアピールできる

[常用トップウォータープラグ]

①モアザン スカウター 110S（ダイワ）
テールに重心があり飛距離は抜群、強い追い風の時は 100 m近くの大遠投が可能。水面直下をスローで引くとシンペンばりにドッグウォーク、水面上でトゥイッチさせせると強烈に首を振り、スプラッシュも絶妙。

② T.D. ソルトペンシル 110F-HD
従来のものより、ややファットなボディーを持ち飛距離がアップ、ドッグウォークにもキレが増し、シーバスに対してよりアピールできるようになった。

③ T.D. ソルトペンシル 70F
小さいイナッコなどにシーバスが反応している時は 7cm サイズがベストマッチ。

デイゲームのスプラッシュ効果だけでなくナイトゲームでも拡散する波動で威力を発揮するトップウォータープラグ

タックル ⑫ 2パターンでドンッ!/ビッグベイト

シーバス用"ジョイクロ"登場!大きさ&派手さでねらうメーターオーバー

巨大ルアーだから反応する魚と、
巨大ルアーだからこそ活性が上がって捕食スイッチが入る魚がいる。
それを意識するのが山本流ビッグベイト使用法だ

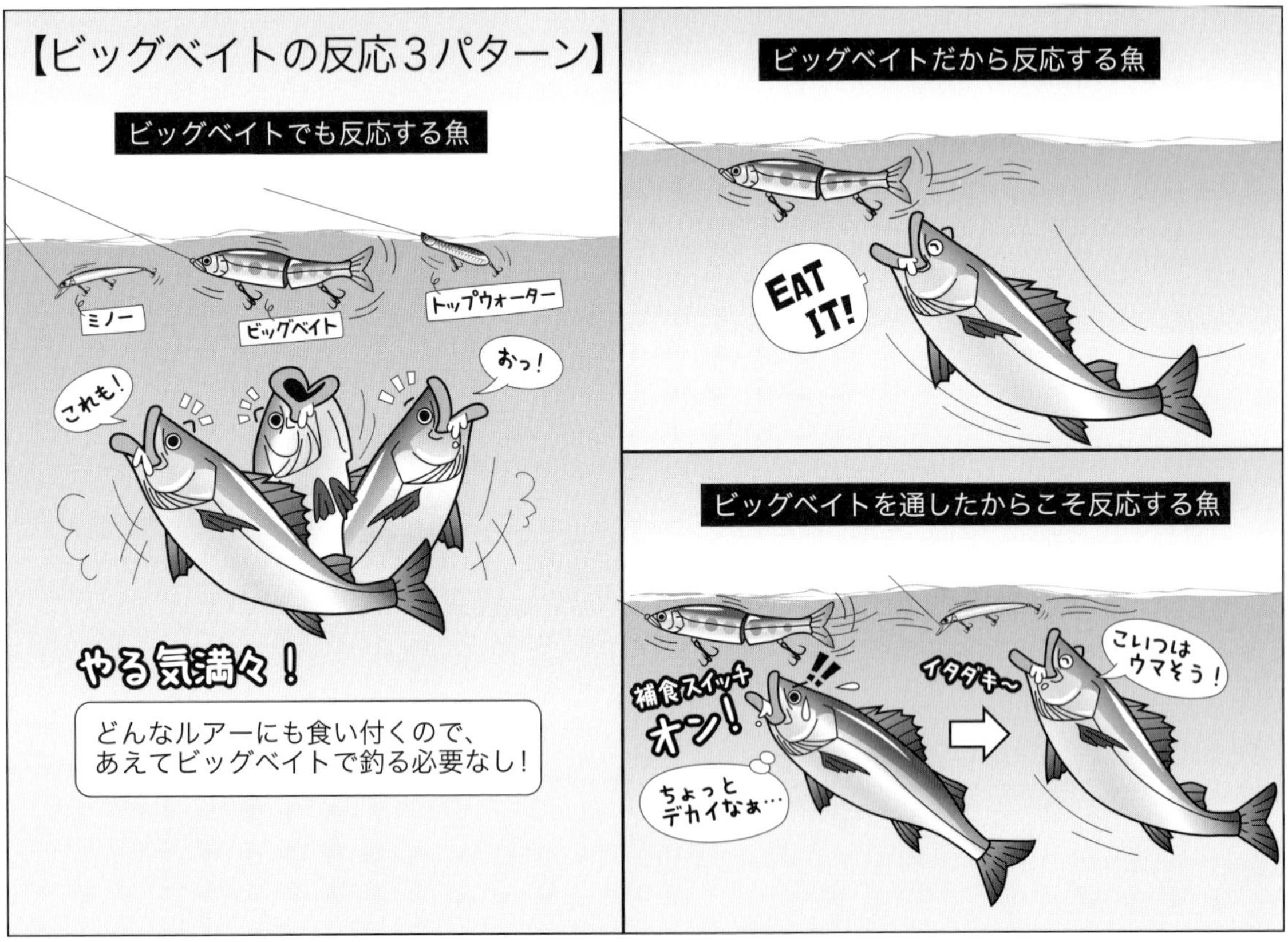

『鮎邪ジョインテッドクロー』に代表されるビッグベイトは、非常に流れをとらえやすいルアー。重いのでガチガチのスピニングタックルでもキャストできれば大丈夫だが、とらえた流れをより的確に分かりやすく把握するために、巻き感度がよいベイトタックルを使用するのがおすすめだ。トゥイッチなど細かいアクションをかけるためにもハイギアのベイトタックルがベター。

まず僕は①ビッグベイトでも反応する魚、②ビッグベイトだからこそ反応する魚、③ビッグベイトを通したからこそ次のルアーに反応する魚、この3パターンがあると思っている。

ビッグベイトでも反応する魚というのは、どんなベイト、エサでも目の前を通ったものは何でも食ってしまうヤル気満々の魚のこと。これに関しては何でも好きなルアーで釣ればよいので割愛。

重要なのはビッグベイトだからこそ釣れる魚、つまり独特の動きと大きなシルエットのビッグベイトを「バーン!」と食う魚と、ビッグベイトを通したため捕食スイッチが入ったが、ビッグベイト自体は大きすぎてバイトには至らず、そのあとに細くて美味しそうなミノーを通すと食ってくるという2パターンだ。

よってビッグベイト使用時はビッグベイト用タックルと、他のルアー用タックルの両方を釣り場に持ち込むことが僕のスタイルになっている。つまりビッグベイトをルアーとする、またティーザーとする両方の考え方が必要なのだ。バスフィッシングではビッグベイトはルアー選

Q. スピニングタックルでもビッグベイトは大丈夫？

A. 頑丈なものならOKだが、できれば巻き感度がよいベイトタックルのほうが流れをつかみやすくオススメ

ガンクラフトとダイワのコラボでシーバス専用S字系ルアーとしてリリースされた『鮎邪ジョインテッドクロー178』はフローティングとシンキングの2タイプでカラーは全6色。バスフィッシングで一世を風靡したS字アクションはシーバスにも効果絶大で秋の落ちアユパターンだけでなく、コノシロやボラなどの大型ベイトにも有効。写真上が不夜城、下がコノシロのカラー

[ビッグベイト使用時のタックル]

●ロッド：モアザン73HB・W（ダイワ）
ビッグベイトに対応したベイトロッドで胴に乗せて大型ルアーが投げやすく、ピンポイントへ正確にコントロールすることが可能。

●リール：モアザンPE SV
PEライン使用時に最高のパフォーマンスを発揮するSVコンセプトスプールを採用したシーバス用ベイトリールで5gほどの小型ルアーからビッグベイトまでのキャストが可能。とにかくバックラッシュすることがほとんどなく、ナイトゲームでもストレスなく釣れる。

●ライン：UVF SWセンサー＋Si 1号
シリコンコーティングされた滑らかなPEライン。ビッグベイトで流れをかませる釣りをするためにスピニングタックルより太めの号数を使っている。

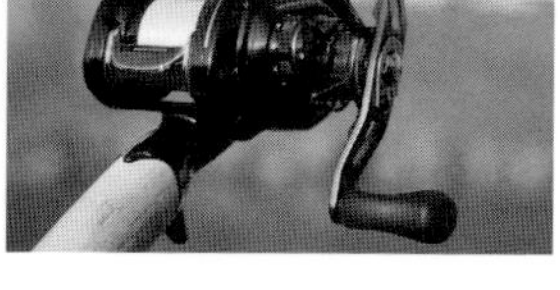

●リーダー：モアザンリーダー エクストリームTYPE-Fなどフロロカーボン20～25lbを1～1.5m。
ラインとの接続はFGノット、ルアーはスプリットリングを介して接続。

択肢の中心的な存在になっているが、ワームなどのフォローベイトが欠かせないはずである。

タックル ⑬ フックに求めるもの

理想は太軸でロングテーパー ハリ先がやや内向きのトレブル

いくらルアーにシーバスがバイトしてきても、
きっちり掛かって最後まで外れないフックを使わなければシーバスはゲットできない。
「太軸でハリ先が鋭く内向き」これがモンスターにこだわる山本典史の理想

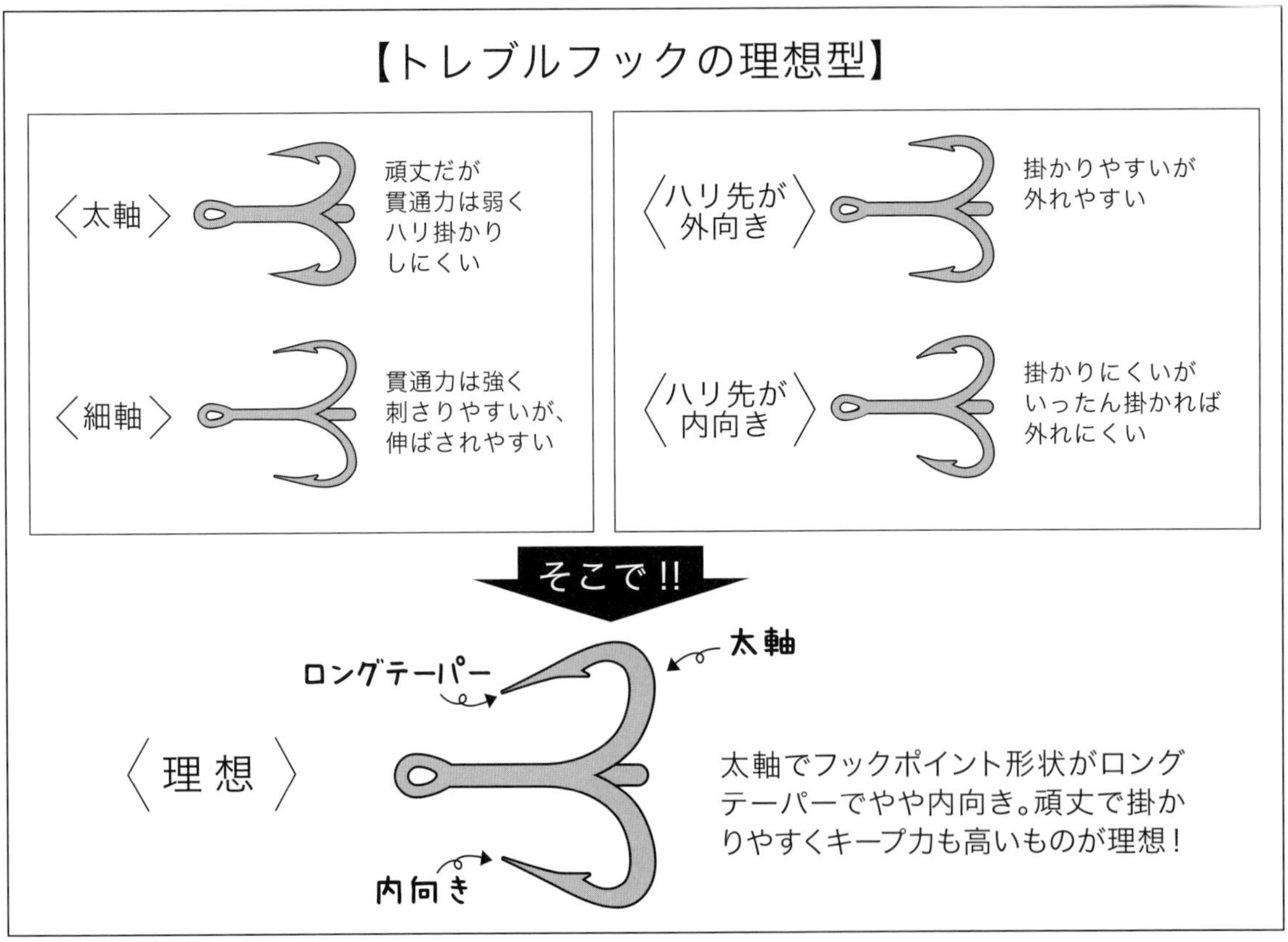

フックは細軸のほうが貫通力は高く刺さりやすい。太軸のほうが刺さりが浅い。ハリ先は外に開いているほうが掛かりやすく、内向きのほうが魚のキープ力は高い。これはシーバスに限らず、あらゆる釣りの常識である。

ただシーバスをキャッチすることだけを考えると掛けたら外れないことを優先するので、ハリ先が内向きのフックを選ぶようにしている。

一旦ハリ掛かりしてエラ洗い一発でハリが外れたら、それ以降そのシーバスは口を使わなくなってしまう。しかし、バイトした瞬間にアワセ損ねてハリ掛かりしなかった場合は、それ以降もルアーを食ってくることが多い。つまり無理に掛けにいくよりも掛かったハリが外れないほうがよいわけで、ハリ先は内向きがベターという考えだ。

ハリをしっかり刺すためには、できるだけ細軸を選ぶことになるのだが、軸が細すぎるとモンスターシーバスには力負けして伸ばされてしまう。現在最も使用頻度の高いのがカルティバ『STX-58』のトレブルフック。これはハリ先が若干内向き設計で、なかなか外れにくいだけでなく、ハリ先がロングテーパーでフックポイントが鋭角、しかも太軸フックでありながら刺さりも抜群なのだ。アタリがあってドンと合わせた直後に、もう2回ほど追加アワセをすることでゲイプまできっちり刺さってくれるので、ハリ先が開いてバラすことも少ない。ハリ先だけが掛かった状態でやり取りを行なうと、かなり太いハリでも伸ばされてし

Q. ロングテーパーフックは、やり取り中に伸ばされたりしないのか？

A. ２回ほど追加アワセをすることでゲイプまで深く刺さり、ハリ先が伸ばされにくくなる

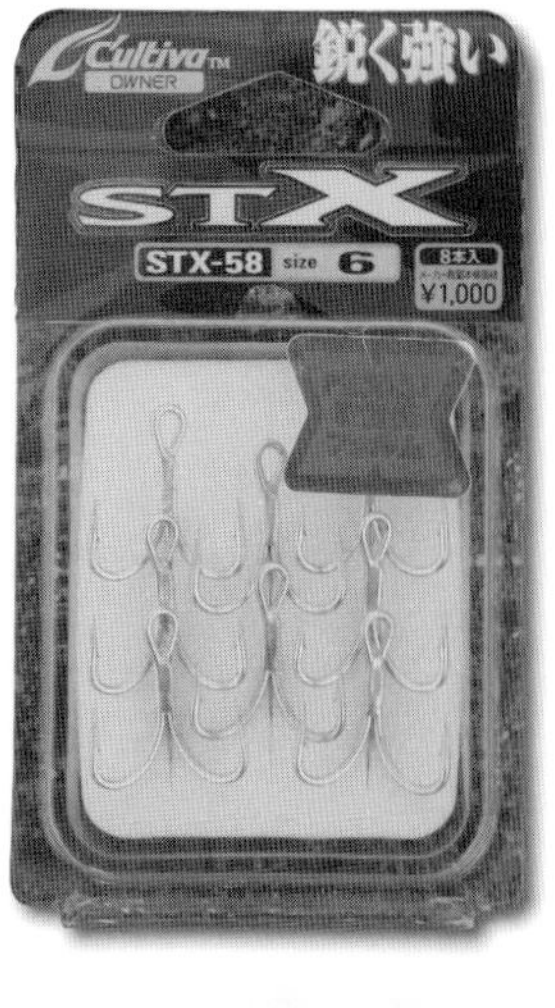

使用頻度の高いカルティバ『STX-58』。ハリ先が若干内向きでキープ力が高く、太軸でありながらハリ先がロングテーパーで刺さりは抜群。重量があるためルアーの動きを抑えることもできる。サイズ的には小さいフックのほうがバーブまで短いので刺さりやすく抜けにくい。90cmオーバーのモンスターのパワーと重量に負けず、バレも少なく刺さりもよいという両方のバランスが取れているのは＃４だと思う

まうものだ。

またフック重量でルアーアクションを微妙に調整することも可能だ。テールフックを大きく重くすることでルアーの動きを抑制することができるほか、反対にフロントフックを大きく重くしてテールを小さく軽くすることでルアーの動きを大きくすることができるのだ。

タックル ⑭ 結びは常に最強ノット

千載一遇のモンスターに備え 現場での結びも最強にこだわる

山本典史は暗闇の中でもFGノットでサッとリーダーを接続してしまう。もちろん器具など使わずに。こだわりは、すべての結びが最強であること。いつ来るか分からないモンスターに備えて

PEラインの端を歯で挟んで引っ張り、ピンと張った状態にしておくと作業が楽。結び目はリーダー本線を巻いた左手の指先で常時押さえておくのがコツ

ライトラインを使うためリーダーとの接続は摩擦系のFGノットがベスト。僕は現場でリーダーを結び直す際も、ラインの端を口でくわえてFGノットで結んでいる。完全に指が動きを覚えているので暗闇でもライトなしでできる。ノット用の器具もいろいろ市販されているが、反復練習のおかげで器具を使うより素早くできるようになった。電車結びなど現場でもっと簡単に結ぶ方法もあるが、そもそもモンスタークラスのシーバスをねらっているので「結びは常に最強のもの」にこだわっている。またFGは結び目が小さくできるため空気抵抗や水の抵抗が小さいのでおすすめだ。

とにかく僕は現場でのリーダー結び替えを頻繁に行なう。というのも、ずっと同じリーダーで釣り続けていると、リーダー自体の劣化もさることながら、キャスト時に指をかけるライン位置が固定されてしまい、その部分が擦れて強度が落ちるのを嫌うからだ。

ルアー接続はスナップを使用せずプラグはスプリットリングで、ジグヘッドは直結だ。結び方はごく一般的なユニノット。スナップを使用するとルアーチェンジしてもリーダーの結び替えをしないので、その部分の強度がどんどん落ちてくる。これを防ぐのが第一。さらにルアーを結び直すことでリーダーが徐々に短くなりキャスト時に指をかけるライン位置がずれてライン強度の劣化を防ぐ効果もある。またルアーを結び直す際にリーダーの痛み具合をチェックしておけば、さらに安全だ。

【釣り場で結べるFGノット（編み付け）】

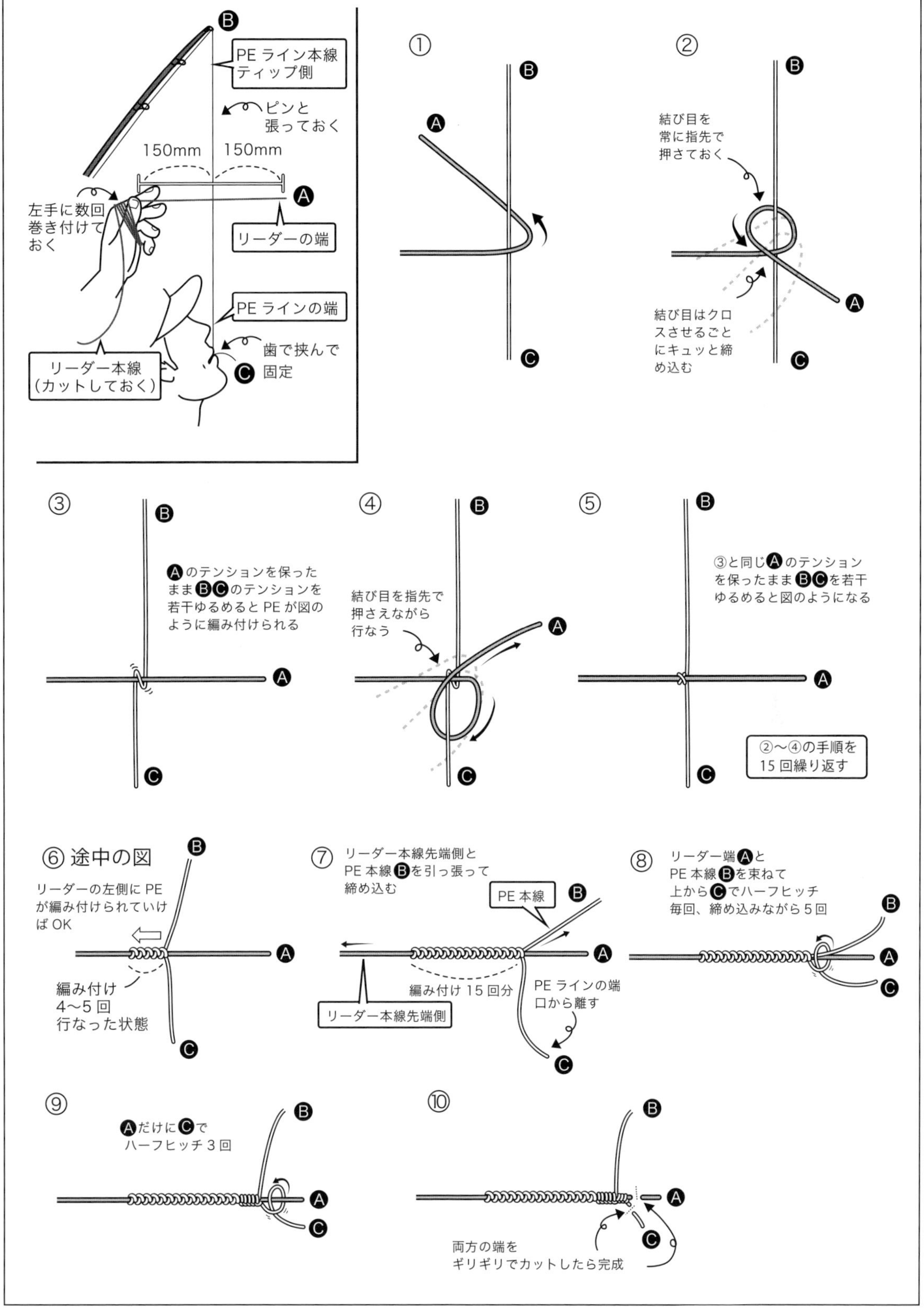

タックル ⑮ アナザーアイテム

安全かつ快適に釣るためになくてはならない名脇役たち

ウェーディングで川に立ち込む場合はもちろん、ランガンで車から離れる場合でも、あらゆる装備は準備万端、身に付けておかなければならない。すべて安全、快適に釣るためのアイテムだ

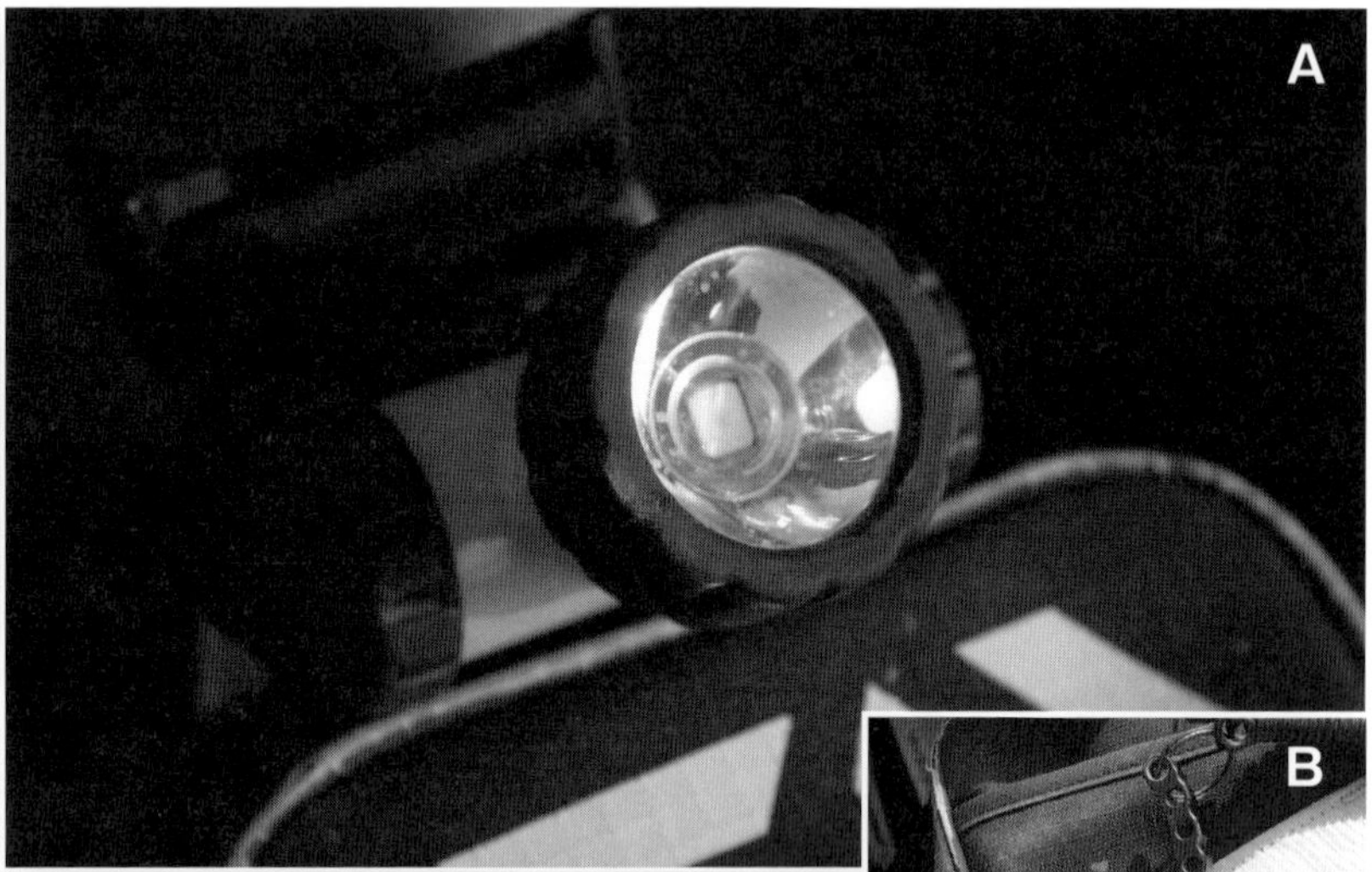

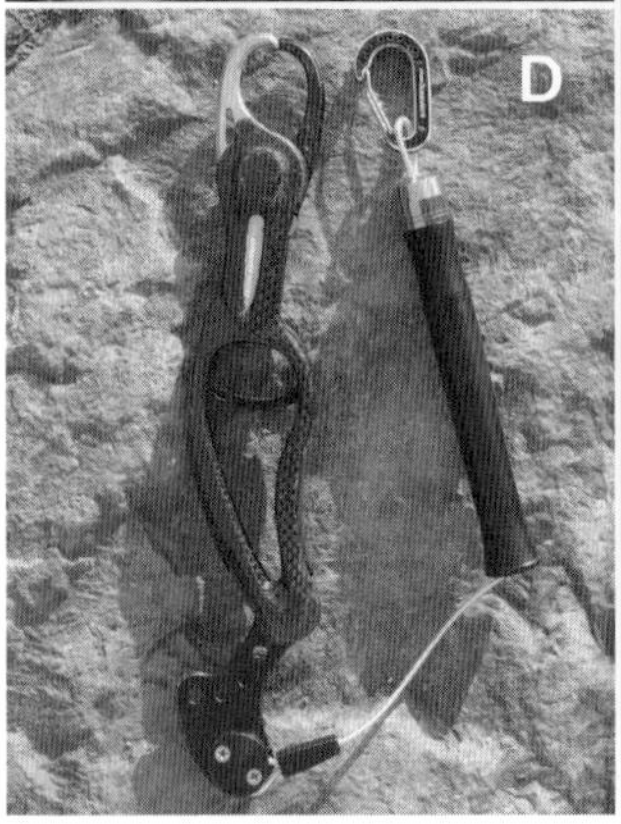

A／調光可能なLEDライトをライフベストの胸、ベルト部に取り付けている。予備のライト、電池をポケットに忍ばせておけば安心だ

B／プライヤーは多機能なものが望ましい。愛用しているのはスタジオオーシャンマーク『OP145L』。60 gのアルミマシンカットボディーで超軽量のシーバス専用。スプリットリングの着脱、バーブ潰し溝、ラインカッターなどの機能がある

C／ラインカッターはピンオンリールかクリップオンリールでライフベストに装着。PEラインがスパッと切断できるものを選ぼう

D／フィッシュグリップはクラス最軽量、ボディー片側にカーボンモノコックボディーが採用されたスタジオオーシャンマーク『OG2100Ca』。スパイラルコードをつなぎカラビナでライフベストに装着

ナイトゲームに欠かせないライトはLEDで調光可能タイプがオススメ。釣り場へのアクセス時は広く明るく安全に、手もとの作業は必要量に光を絞って使用する。なぜかLEDの光が当たっても魚はなかなか逃げない。夜の岸壁際を照らしてみてもシーバスやチヌ、カニに至るまで、従来の豆電球だとサッと姿を隠すが、LEDだとしばらくその場にじっとしていることが多い。人間の目には明るくみえる白色光のLEDだが実際には豆電球の光よりは弱いのかもしれない。

プライヤーは、ラインカッターやスプリットリングオープナーなど、ある程度の機能が揃っていてできるだけロングノーズタイプが好ましい。シーバスに掛かったフックを外す際、ルアーから自分の手を離して安全性を確保するためだ。

ラインカッターはルアーチェンジのタイムロスを少しでも減らすためにピンオンリールもしくはクリップオンリールとのセットでベストに装着。いちいちポケットから出し入れしていては能率が悪いし川に落としてしまうかもしれない。またPEラインがストレスなくカットできることが必須。ピンオンリールとセットならハサミでもかまわない。

フィッシュグリップはフックを外す際、安全に魚を確保するうえでなくてはならない。さらにリリースを前提に考えた場合、なるべく直接魚体に触れないことが望ましい。人間の体温でも魚にとっては火傷ほどのダメージを与えてしまうからだ。

グローブも釣り場アクセス時の転倒や

Q. 暑い夏場はグローブなしでも大丈夫？

A. 釣ったシーバスからフックを外したり川歩き中の転倒などを考えると、危険回避のために暑くてもグローブは必須

ランディングネットは、できるだけ大型がよい。このサイズでも90cmアップのモンスターをすくう時はドキドキする。ネットの目もウェーディング時に川流れの抵抗を考えると大きいほうがよい。またウェーディング時はポールも仕舞寸法が短いものを。都市型河川のランガン、高い護岸から釣る場合は磯用など長い柄がおすすめだ

シーズンを問わずグローブは必需品。現場でのリーダー結び替えが多いことからも、愛用するのは指3本カット・ダイワの防風ストレッチグローブ『DG-6004』など

フックを外す際の安全を確保するうえで欠かせないアイテムであり、フィッシュグリップがない場合でも濡らしてから魚体に触れることで魚へのダメージを軽減できる。

大は小を兼ねる意味でもランディングネットはできるだけ枠が大きいものを常に持参する。いつ釣れるか分からない一生に一度のモンスターを確実にランディングするためだ。ネットの網目は粗いほうがよい。流れがあるリバーでは網目が細かいと抵抗を受けてすくいにくい場合がある。ルアーのフックが絡んだ場合も目が粗いほうが素早く外せて楽。

●虫除けスプレーで集中力アップ！

虫除けスプレーはリバーゲームの必需品だ。山間部での釣りになることも多くハチやアブの標的になることが考えられるし、都市部でも朝夕マヅメ、夜間はヤブカが大敵。虫を気にしていると集中力にも欠ける。個人的にはパウダーインのものがサラッとして肌がベタつかずおすすめだ。

スプレータイプや、かゆみ止めのように直塗りできるタイプなど、いろいろな虫除け剤があるが、山本のイチオシは肌がベタつかないパウダーインタイプ（写真右）

タックル ⑯ リバーゲームのウェア選び

機能はもちろん安全性と快適さを優先！

川に立ち込む機会が多いリバーゲームでは、
すべてのウェアは安全性と快適性を優先して選ぶこと。
ウェーディングしない場合でも万が一に備えて同様の配慮が必要だ

撮影時はダイワの『DF-6102 PE フローティングゲームベスト』だったが、現在着用しているライフベストは『DF6104 ベンチクールゲームベスト』で腰サポートベルトとベンチクールシステムで肩や腰の負担が少なく収納力も大幅にアップした高機能タイプ。もちろんポリウレタン独立発泡浮力材使用で浮力は7.5kg/24 時間以上と救命具本来の機能も高い。LED ライト、プライヤー、ラインカッター、フィッシュグリップなどを使いやすい位置にセットしている

シーズンを通じて長袖の着用がオススメ。グローブも必須だ

なくてはならないのがライフベスト。僕は膨張式ではなく浮力材が入ったものを使用している。陸上で転倒時の衝撃緩和に役立つほか、膨張式だと転倒した際にボンベが破損し肝心の落水時、入水時にまったく役立たないことがある。

磯ヒラゲームからスタートしたためか、海というフィールドの危険さ、そしてライフベストのありがたさは身に染みて感じているつもりだ。これはリバーゲームでも全く同じでシーバスを釣ること以前に自分の命を守ることを最優先で考えなければならない。また、ただ着ていればよいのではなく、身体にきちんとフィットさせ、股紐タイプならきっちり通し正しく着用しなければ意味がない。そのあとの選択肢として収納力の高さといった機能的で使い勝手のよさを考慮すればよい。

そのほかでは急な雨に備えてレインウェアの上下も必要だ。雨天でなくても防風防寒に役立つし、ウェーダー着用時も上着をアウターとして利用できる。できれば通気性がよく蒸れにくいゴアテックスなど防水透湿素材を選びたい。

服装は夏場でも長袖、長ズボンが好ましいが、あまりに暑いとたまに半袖で釣りをすることがある。だがその場合はポイントまでのアクセス時など転倒にも充分気を付けてほしい。真冬、特にウェーディング時の防寒対策は万全に。ホームグラウンドである温暖な紀州河川でも、冬の川水は非常に冷たい。発熱素材の肌着や起毛ジャージ、ダウンの中着、防寒アウターが欠かせないが、着ぶくれして

Q. ライフベストは膨張式でもかまわない？

A. 膨張式はボンベ故障等のリスクが考えられるので、浮力材の入った固定式ライフベストが望ましい

『ダイワソルトクロロプレンウェーダー SW-4500C』は3.5mm厚のクロロプレーン（ネオプレーン）採用で保温性と機動性を両立、フェルトスパイクソールでオールラウンドなグリップ力を発揮するウェーダー。『DR-2303J レインマックスハイパーフルキャスト プルオーバー ジャケット』は磯のヒラスズキゲーム用として開発された防水性が高いフィッシングジャケットでリバーゲームのウェーディング時にも最適。フルキャスト立体パターン採用でキャスト時の腕の自由度が向上

『DR-1204J ゴアテックスプロダクツ フルキャスト レインジャケット』＆『同キャストサポートレインパンツ』は軽量ゴアテックスファブリックス３層素材を採用し防水、防風、透湿性が高次元で融合したレインウェア。上下とも立体裁断でフィット性が高く、雨の日でも快適に過ごせるので釣りに集中できる

愛用の偏光グラスはタレックス製レンズ採用のダイワ『TLX003』。デイゲームでは川底やベイトのようすを確認するために欠かせないアイテムだ。また川歩きの際も大きな石や障害物、急な深みを裸眼よりも格段に察知しやすくなる

●軽快なシューズがオススメ

「そのウェーディングシューズいいですね」とよく言われるのが『スーパーブレスストッキングウェーダー』着用時などに履いているダイワの『F1SP-1070 F1 スペシャルシューズ（先丸）』だ。実はこれ、アユ友釣り用シューズ。とにかく水の抵抗が小さく軽快で着脱も楽。『ジャリガード』を併用すれば砂利の侵入もほぼないため、リバーシーバスにも重宝している。

動きにくい服装は危険。くれぐれも河原や川中での動きやすさを考えたレイヤリングにしてほしい。

ウェーダーは季節を問わずネオプレーン素材もしくは膝下のみネオプレーンのハイブリッドが理想。とにかく夏場でも川の水は冷たいので保温を第一に考える必要がある。足腰が冷えると集中力を欠いてよい結果につながらないためだ。シューズのソールはフェルトスパイクがおすすめ。スパイクピンだけでは効かない岩盤やコケが付いた石、フェルトだけでは滑ってしまう泥を被った石などが川底に点在するため、両者を備えたものが安心といえる。

またナイトゲームでは必要ないが、デイゲームでは偏光グラスも必需品。ストラクチャーや起伏の有無といった川底の情報や、レンズによっては流れの筋まで分かるものがあり、これらの情報がより確実に得られることが大きい。食わせどころやポイントの見極め、ファイト時に気をつけなければいけない場所の把握は間違いなく釣果アップにつながる。また川歩きの際も突然の深みに足を取られることが少なくなり、すっぽ抜けで飛んできたルアーからのガードなど、安全面でも必要アイテム。さらにUVカット処理が施されていれば目を紫外線から保護できるので安心だ。

Column 山本流釣行データ管理術

細密な釣り日誌はまったく書かない デジカメデータだけ残して 直感で釣行を決める

川でも海でもシーバスから青もの、南海のGTまで、釣行記録はデジカメデータさえ残しておけば、ある程度のシチュエーションは写真を見れば思い出すのでOK

常にライフベストのポケットに入れているのが防水デジカメ。シーバスはもちろん、あらゆる釣りのお供にしている。撮るのはルアーを口にした釣った魚のアップが中心だが、ミニ三脚も持参しているので地面にカメラを置いてセルフタイマーで魚を持った「自撮り」も行なっている。

アングラーのなかには釣行記録、釣行日誌を詳しく書いている方もいると思うが、僕の場合は釣り場での写真を記録として残すのみ。細かいシチュエーションやタックル、ルアーなどはメモしていない。

なぜなら記録に頼りすぎるのをヨシとしないから。何月何日、この潮回りで、このポイント、このルアー、このタックル……。翌年も全く同じパターンにハマることはあるかもしれないが、そのとおりにならないこともけっこう多い。基本的にはその年の季節の移ろいを頭に入れ直感的に釣行スケジュールを組んでいる。たとえば桜の開花日が毎年同じではないように、魚の食い出しにもズレがあるからだ。

デジカメのデータ画像には日時と時間が記録されているので、潮回りや月齢などはネット上で簡単に調べられる。だから僕の場合はデジカメ写真だけで必要にして充分なのである。

ライフベストのポケットに入れているデジカメは富士フイルム製の『FinePix Z33WP』防水・防塵タイプ。自撮りに便利なミニ三脚、レンズに付いた水滴をサッと拭き取るために洗車時に使うセームクロスを小さくカットしてポーチに入れる

FIELDS OF RIVER SEABASS

荒瀬、チャラ、トロ、淵……さまざまな流れ、表情を見せる川。そこにストラクチャー、光、水質、気象が絡み合い月齢、潮汐まで影響を与える。モンスタークラスのシーバスに高確率に出会える川というフィールドをまず知ろう

フィールド ① 川でシーバスが釣れる理由

シーバスにもアングラーにも都合がよい魅惑のエリア

スズキが汽水を好む魚であることは周知の事実だが、
実はまったく海水の影響を受けない上流部までがリバーゲームのフィールドだ。
ベイトが豊富で身を隠せる場所も多い河川内はシーバスにとってパラダイスなのだ！

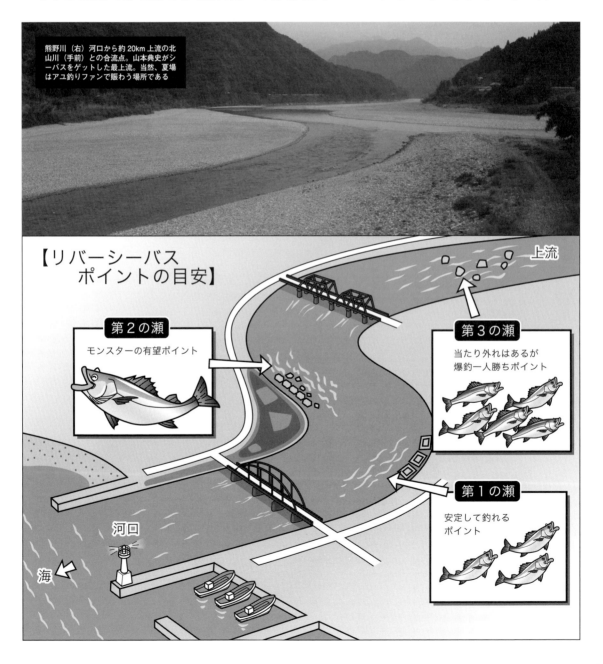

熊野川（右）河口から約20km上流の北山川（手前）との合流点。山本典史がシーバスをゲットした最上流。当然、夏場はアユ釣りファンで賑わう場所である

Q. どの川でもシーバス釣りはOK？

A. 川ごとに遊漁規則が異なる！ 必ず漁協に確認してから釣りを楽しもう

川、汽水域は常にベイトが豊富な絶好のフィールドだ。ベイエリアや磯にもサヨリやイワシ類といったベイトがいて、カタクチイワシが接岸した時はお祭り騒ぎになるが、逆にまったくいなくなってシーバスもさっぱりということも珍しくない。

しかし淡水のベイトは川というなかば閉ざされたフィールドからたいして移動できないため、常に何らかのベイトがいる。フナ、コイ、オイカワ、カワムツ、ウグイ、タナゴ、ボラ、エビなど、種類もバラエティーに富んでいる。それぞれカタクチイワシのように大量発生することはないが、突然いなくなることも少ない。シーバスにとっては安定してベイトを捕食できる魅惑のエリアといえる。

また川は流れがあり岩があり橋ゲタがあり、捕食ポイントも豊富でそこそこの規模がある河川なら渇水期でもシーバスが身を隠せる場所がどこかに確保できる。つまりシーバスにとって居心地のよいフィールドであり、またアングラーにとっても非常に釣りやすい場所といえるのだ。

実際、河口からかなり上流までシーバスは遡るようで、河口堰がない秋田県の雄物川では約70㎞上流でシーバスを釣った経験がある。和歌山・三重県境の熊野川では河口から約20㎞の北山川との合流点。ここが僕自身シーバスをゲットした熊野川での最上流にあたるが、さらに上流の十津川第二発電所の放水口の溜まりに船をかけてアユ釣りをしていた友人が、掛かったアユを水面まで引き上げてきた時に大型のシーバスがチェイスしてきたのを目撃している。利根川では河口から１５２㎞も上流でシーバスが釣りあげられたことがあると聞く!?

ただ、全国各地どの河川でもこれが当てはまるのではなく、目安としては河口から数えて最初の瀬が安定して釣れるポイント、２番目の瀬がモンスタークラスの有望ポイント、３番目の瀬は当たり外れがあるが当たれば一人勝ちできる爆釣ポイント、といった傾向がある。

しかし実際にはシーズン、天候、時間帯、潮汐、水質、水量、水温、ストラクチャーなどの要素が複雑に絡みあってリバーシーバスのフィールドは成り立っており、それぞれについての考察ものちの項で進めていきたい。

まずは河口から３つ目までの瀬がねらいめであることを覚えておこう。

日高川河口から約3.5km上流、野口橋下流にある瀬のヒラキ。モンスターの有望ポイントだ

フィールド ② リバーシーバスの盛期

シーズンオフは1～2ヵ月 アユの動向が大きなカギを握る

シーバスが春に川を遡り、秋になって川を下るきっかけになるのは稚アユの遡上と落ちアユ。そして川中の淡水ベイトの存在がリバーゲームのシーズンを決定付ける。真冬のわずかな期間以外はリバーゲームが可能なのだ

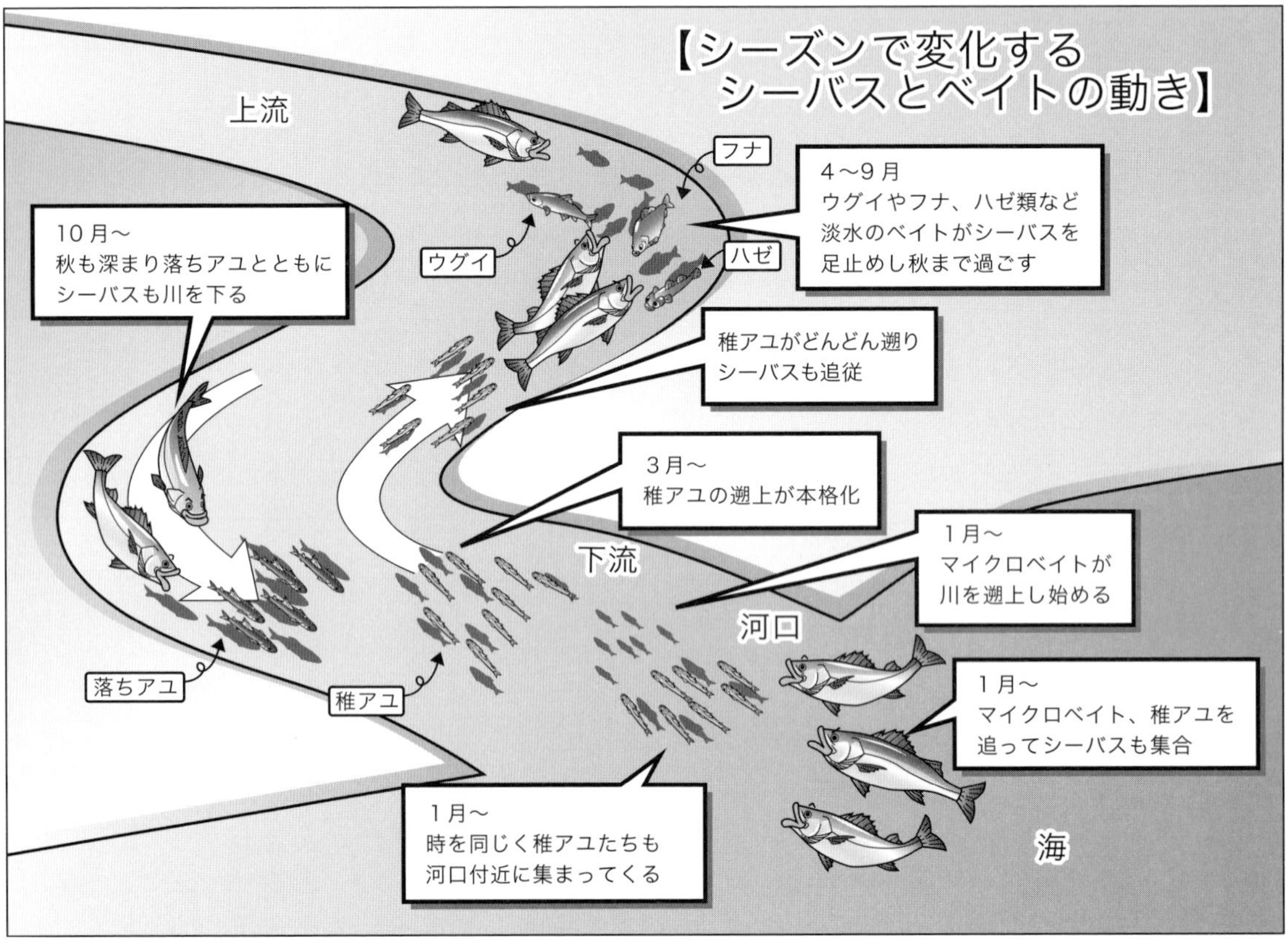

シーバスは基本的に年中釣れる魚だが、リバーゲームではベイトの動向が釣りシーズンの目安になる。1月下旬～2月になるとシラスウナギやシラウオなどのマイクロベイトが遡上を始め、ともなって孵化したばかりの稚アユも河口付近に集まってくる。これを追ってシーバスも集合。そして3月になり稚アユの遡上が一気に本格化すると、稚アユに付いてシーバスも川をどんどん遡るようになり、リバーシーバスゲームの幕が開けるのだ。

春が進むとある程度川を遡ったシーバスはどこかで定位する。ごちそうの稚アユが目の前をどんどん遡って来るだけでなく、そのような場所にはウグイやフナ、ハゼ類もたくさんいることからそれ以上動く必要がないのだ。

和歌山なら紀ノ川、日高川、熊野川、四国は吉野川、四万十川、山陰の江川、東北なら最上川、米代川、雄物川といった大河川では海に下る個体もいるが、真夏になっても居心地がよい川中にずっと居続けることが多いため、さまざまなパターンで釣りが可能。

そして秋。水温が下がり始めて落ちアユの頃になると、シーバスもどんどん下流部に向かって下るようになり、ポイントは下流域に移動。同時に初冬12月に入ればコノシロやサヨリといった海のベイトが河口付近に集まってくることが多いため、シーバスはこれを捕食するために海に出てしまう。こうしてリバーゲームはシーズンオフを迎える。

なかには川を下らないシーバスもいる

Q. シーバスは海と川を行ったり来たりしている？

A. 海と川を往き来する個体もいるが居心地がよければ川に居続ける魚もいる。

6月1日
日中は盛夏を思わせる真夏日、夜になっても半袖で過ごせた徳島県・撫養川

8月23日
アユシーズンまっただ中の和歌山県有田川でデイゲーム

11月24日
落ちアユシーズンの和歌山県熊野川。深夜は真冬を思わせる寒さ、水温もかなり低いがモンスターを求めて……

が、ねらって釣るにはリスクが大きすぎる。ちなみに稚アユの遡上時期や、落ちアユが始まるタイミングには地域差があるので、一概に何月から何月までがリバーシーバスのシーズンとは言いにくいが、とにかく稚アユ遡上とともに静かだった川中が一気に生命感にあふれるさまは感動的だ。

フィールド ③ 釣れる天候／時間帯

デイもナイトも雨の日が最高 気圧が下がるとシーバス活性化

どちらかといえば雨の日は釣りに行きたくない人がほとんどだろうが、リバーゲームでは雨の日にシーバスの活性が上がる。ただし急な増水には充分注意し無茶な釣行は避けるべし！

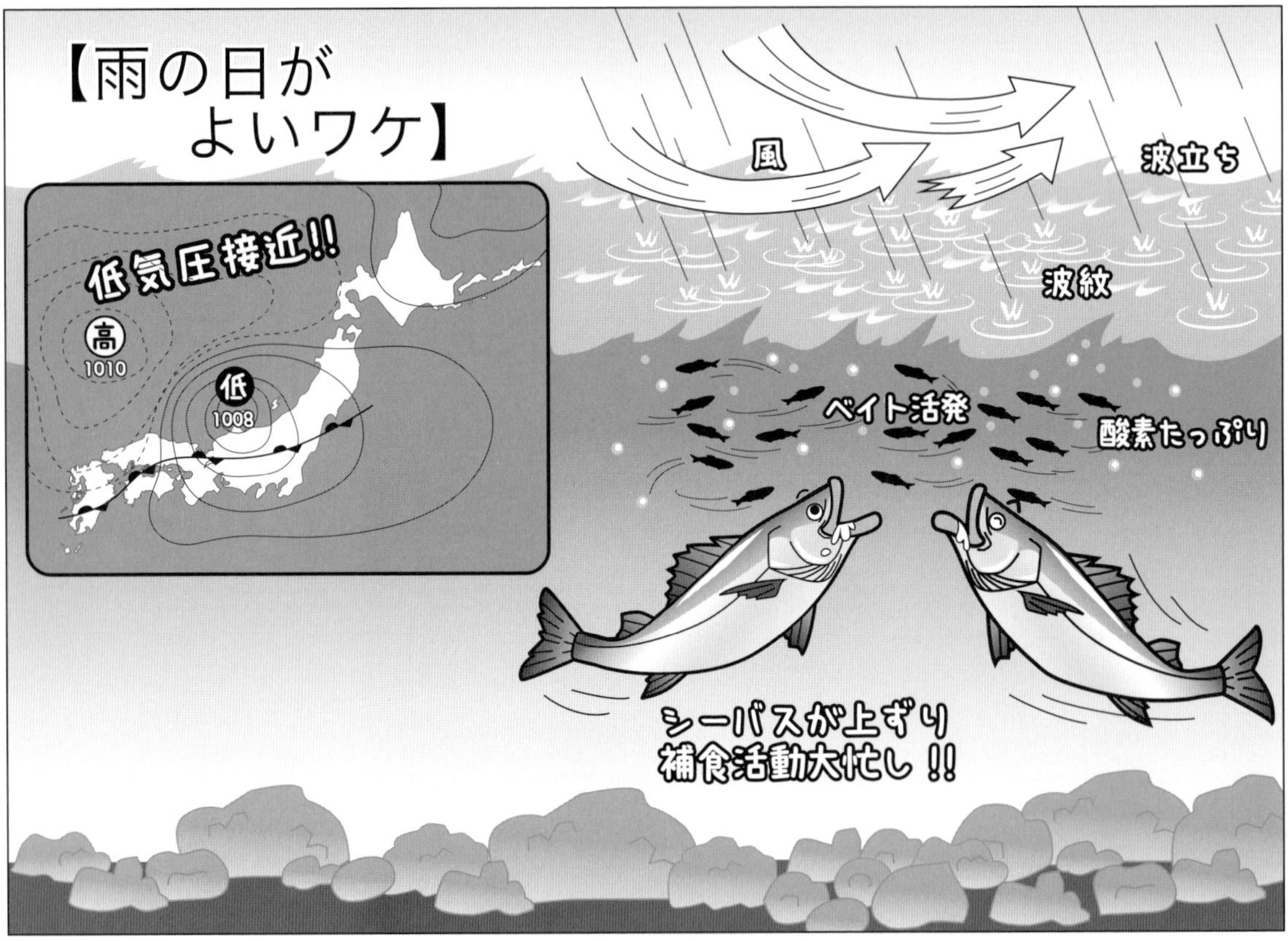

天候は曇りか雨の日がベスト。当然デイゲームであればローライトコンディションが長く続くためだが、実はデイだけでなくナイトゲームでもいえることなのだ。それは低気圧の接近が影響していると考えられる。なぜか気圧が下がると魚が上ずり、食いが活発になるのだ。また雨によるニゴリと雨が川面を叩くことで人間の気配を察知されにくくなることも関係する。天気が悪い日は風が吹くことも多く川面が波立つため、それだけ水中の酸素濃度も高くなり、シーバスの活性化に一役買っていると考えられる。

低気圧が接近すると海では波が高くなり釣り自体をあきらめなければならないことが多いが、河口部以外のリバーゲームなら波浪の影響は少ない。そんな時の逃げ場としてもリバーゲームはありがたい。

ただ、雨の日は川の急な増水に要注意。雨が降ったら何でもかんでも釣行とは考えずに限度をわきまえることが必要だ。晴れの日でも夕立、落雷には充分気をつけたい。釣りをしている場所が晴れていても上流部がゲリラ豪雨に見舞われると一気に増水する可能性がある。カミナリも遠くで鳴っているからまだ大丈夫と油断するのは危険だ。

シーバスフィッシングはナイトゲームがベターであることは間違いない事実だ。だが朝夕マヅメ時は活発にベイトを追う時間帯で絶対に外せない最高の時合いでもある。潮汐との関係を見ながらデイ&ナイトとマヅメ時をうまくタイミング合わせてねらうのがベストといえるだろう。

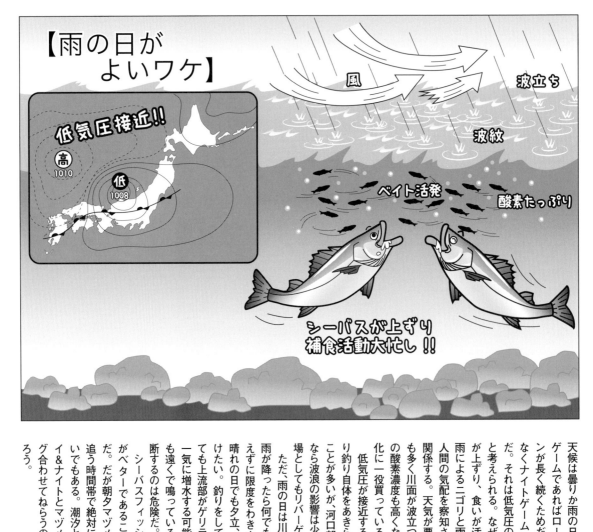

Q. シーバスはナイトゲームでないとダメなのか？

A. デイよりはナイトがベターだが、日の出と日没前後の朝夕マヅメ時が最高の時合い

雨天。低気圧が接近するとなぜかシーバスの活性が高くなる。雨が川面を叩き風で波立つと川水の酸素量も増加しシーバスの活性化をあと押しする

朝マヅメ。ベイトの小魚たちが目覚め動き出すとシーバスの捕食活動も活発化

タマヅメ。いよいよゴールデンタイムに突入！　リバーゲームでなくとも胸躍る時間帯だ

フィールド ④ 潮汐と月齢から考えるベストタイミング

海から離れた上流部でも潮止まり前後に食いが立つ！

ソルトゲームで影響の大きい潮汐は、実は川の釣りでも関係してくる。
満ち潮と引き潮の動き、干満のタイミングでシーバスの食い方に差が出てくるのだ。
これまでの経験から導き出した最上の潮回りと月齢を公開しよう！

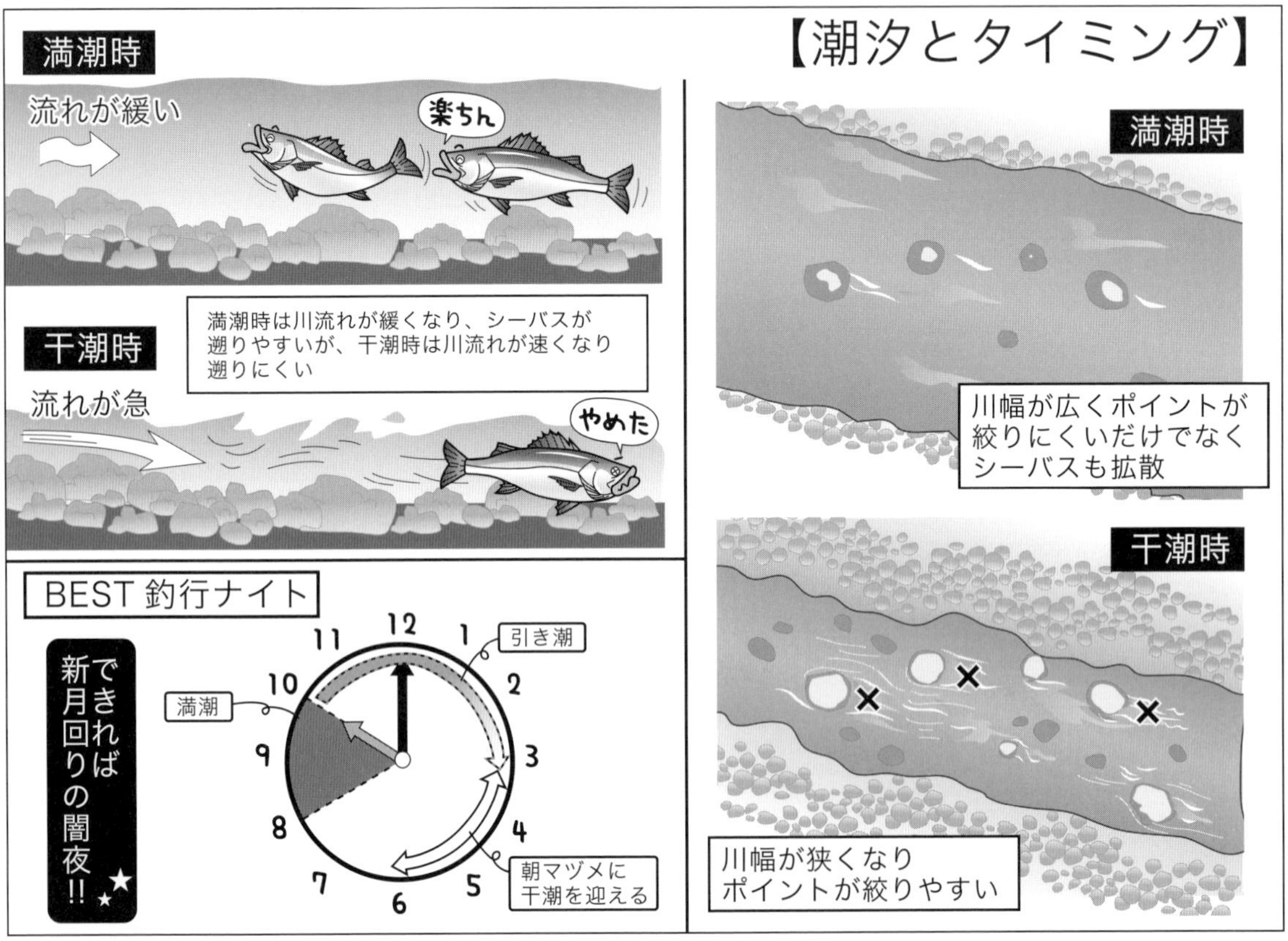

水量が少ない川や海の干満が影響するエリアでは、潮位が高い満潮時に川の流れが緩くなりシーバスは川を遡る。逆に潮位が下がると川幅が狭くなり流れは勢いを増す。つまり潮位が低く川幅が狭まった時のほうがシーバスの付く場所が明確化しポイントが絞りやすくなる。つまり基本的には引き潮をねらうのがベスト。満潮でないと釣れないポイントも存在するが、満ち潮時は川幅も広く流れが緩いため魚が動き回りやすくポイントが拡散してねらい所が絞りにくく、回遊待ちの釣りになってしまうのだ。

魚が最も海から川中に入ってきやすいのは夜間の満潮時なので、お昼に満潮を迎える日は好条件とは言い難い。最高なのはしっかり暗くなった夜8〜10時頃に満潮を迎える日で、そこからの引き潮を朝マヅメの干潮時まで長い時間釣ることができる潮回りがベスト。特に大型シーバスほど、このパターンにハマることが多い。

潮回り、潮の大小のどちらがよいかは地域差があるので一概にいえないが、潮の干満に影響されない上流エリアでも、なぜか潮の干満でシーバスの活性が変化し、潮止まり前後に食いが立つことが多いのだ。この場合、大潮など潮位差がある日は、どこかのタイミングで非常に食いが立つが、その時合いは短いことが多い。逆に小潮、若潮、長潮など潮位差が小さい日は、大潮の日のように派手に食いが立つことは少ないが、長時間食いが続くので覚えておきたい。

月齢は新月、闇夜回りがベスト。最も

Q. 釣行するなら、どんな潮回りの日がベスト？

A. 夜8～10時に満潮を迎え、朝マヅメまで引き潮を釣れる日。新月回りならさらによし！

上／熊野川河口は川の吐き出し口が砂州によって非常に狭まっているため（写真左側）、潮位が低い時間帯は激流と化しシーバスも入りにくい

中／淀川下流域は河口近くだと干満が大きく影響……というより、ほとんど海である。潮位は低いほうが川底の様子も分かりやすくポイントも絞りやすい

下／満月。常夜灯が作り出す明暗部の効果も希薄になるなど条件的には不利な点が多いが、まったくシーバスが口を使わないことはあり得ないのだ

モンスタークラスと出会える日だ。ただ闇夜しかシーバスはエサを食わないかというとそんなことはなく、満月前後の明るい月夜回りでも、どこかのタイミングでエサを食うはずなので、あきらめることはない。シーバスが何日も絶食するなどあり得ないのだ。

フィールド ⑤ 釣れる水色

ニゴリと透明度と水温変動がシーバスキャッチの目安！

リバーゲームではソルト以上に水のコンディションが重要。

流れがあるだけに水質も水量も水温もめまぐるしく変化する。

シーバスの活性問題だけでなく身の危険にも関係することなので、常時気を配っておくことが必要だ

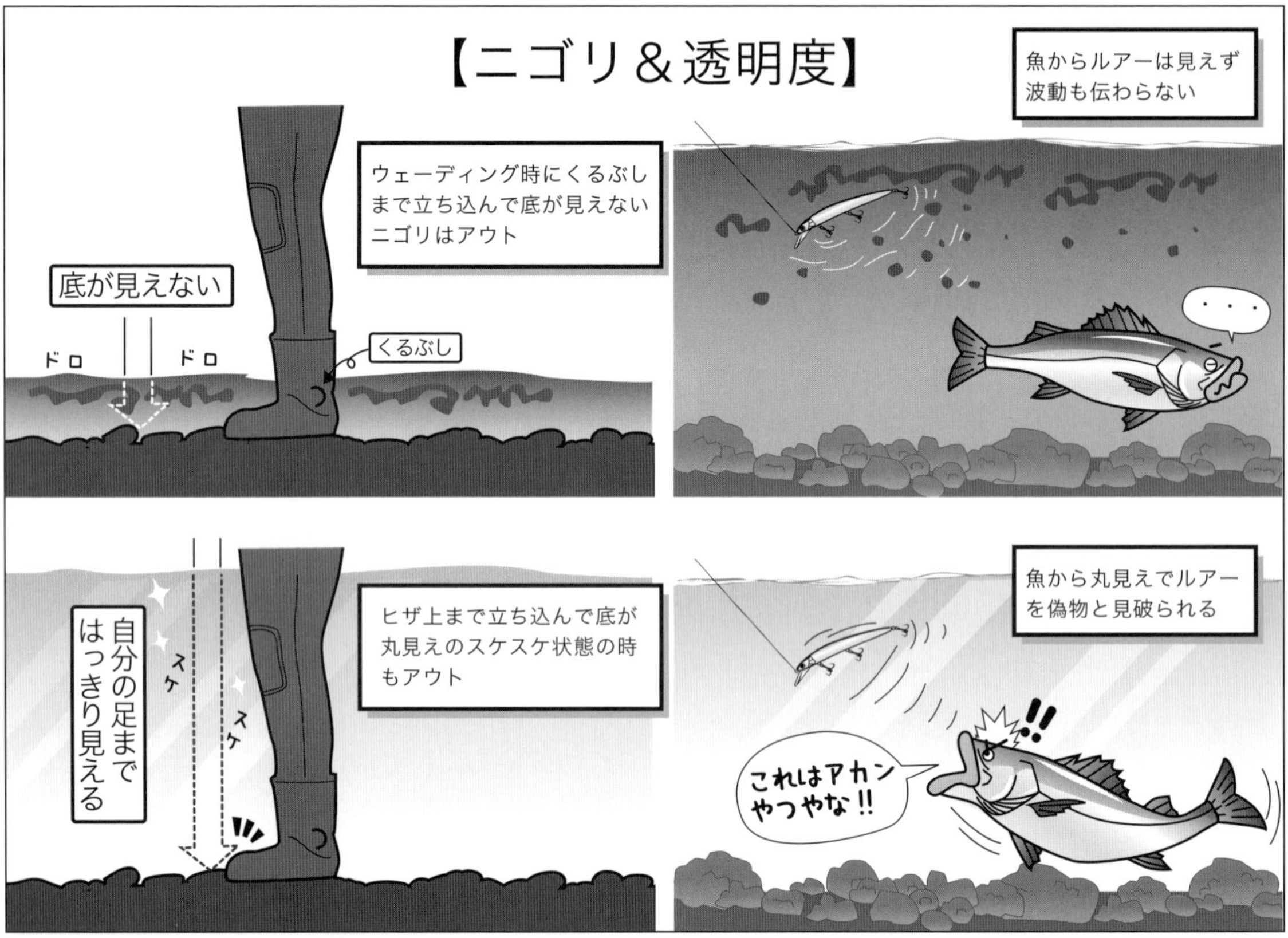

川面にモヤが立ちこめるのは気温よりも水温が高い証拠。寒い時期は少しでも水温が上昇するとシーバスの活性も上がるので期待大

水質、すなわち水の透明度の目安は、くるぶしまで川に立ち込んだ時に底が見えないほど濁っている状況はアウト。魚がルアーを視認できないばかりか、水中の不純物が多いためルアーの波動も伝わりにくく、ほとんど釣りにならない。ここまでニゴリが入っている時は川の上流で豪雨や土石流が発生しているかもしれない危険信号。大増水の可能性ありと考えて入川はひかえよう。

逆にヒザ上まで立ち込んで自分の足が見えるほど水が澄んでいる場合も、これまたアウト。デイはもちろんナイトゲームでも、スケスケの状態はシーバスの警戒心が高くルアーも偽物と見破られるので、釣れる確率は非常に低い。ただ安全面を考えたら川の水はできるだけ澄んでいるほうがベター。適度なニゴリは好条件ではあるが、知らない川、初めてのポイントでのウェーディングは充分に気をつけてほしい。

Q. 水温 10℃でシーバスは釣れる？

A. 11℃から 1℃下がった 10℃はアウトだが、9℃から 1℃上がった場合シーバスは口を使う

ヒザ上まで立ち込んでも足もとがはっきり見えるスケスケのクリアウォーター。ナイトゲームでもシーバスの警戒心が高く釣るのが難しい

水量については、バイブレーションで逆引きできないほど勢いがあるとアウト。もちろん増水時は釣りをすること自体危険なので川に近寄ってはいけないが、平水時や渇水時でも絞り込まれた瀬などに同様の流れが存在する。しかしそんな流れのなかでシーバスをヒットさせても水圧に負けて取り込むことはまず不可能。その流れの脇を釣るのがセオリーだ。

水温の上下動もシーバスの活性に大きく影響する。春、秋、冬の冷たい雨は水温を大幅に低下させるのでシーバスの活性も一気に下がってしまう。特に冬、川の水温は10℃以下になり非常に冷たいが、同じ10℃でも11℃から下がった場合と、9℃から上がった場合では、魚の活性がまったく違う。同じ水温でも上昇中は活性が上がり、低下中は活性が下がるのだ。極端な話、12℃から下がった11℃より、9℃から上がった10℃のほうがシーバスは口を使ってくれる。

これが真夏になると現象が逆転する。たとえば夏場の夕立。降り始めからしばらくは水温が上昇するが、雨が上がり涼しくなると水温もわずかだが低下、このタイミングに非常に活性が上がることが多い。24℃から25℃に上がると食わなくなるが、26℃から1℃下がるとまったく状況が違うのだ。

ただ、真夏でも25℃から20℃まで急激に水温が下がるとさすがに口を使わなくなる。一方、水温が低い時期はプラス2～3℃の水温上昇は好条件に転じることが多い。プラス5℃くらいまでは大丈夫だと僕は感じている。

フィールド ⑥ ストラクチャー＆付き場

時にはコイの群れに付くことも!?
視野を広げれば目標は無尽蔵

**分かりやすい人工構造物から川底や流れの変化、
時にはコイの群れにシーバスが付くことも。
固定観念にとらわれず、広い視野で川を見渡せばストラクチャーはいくらでもある**

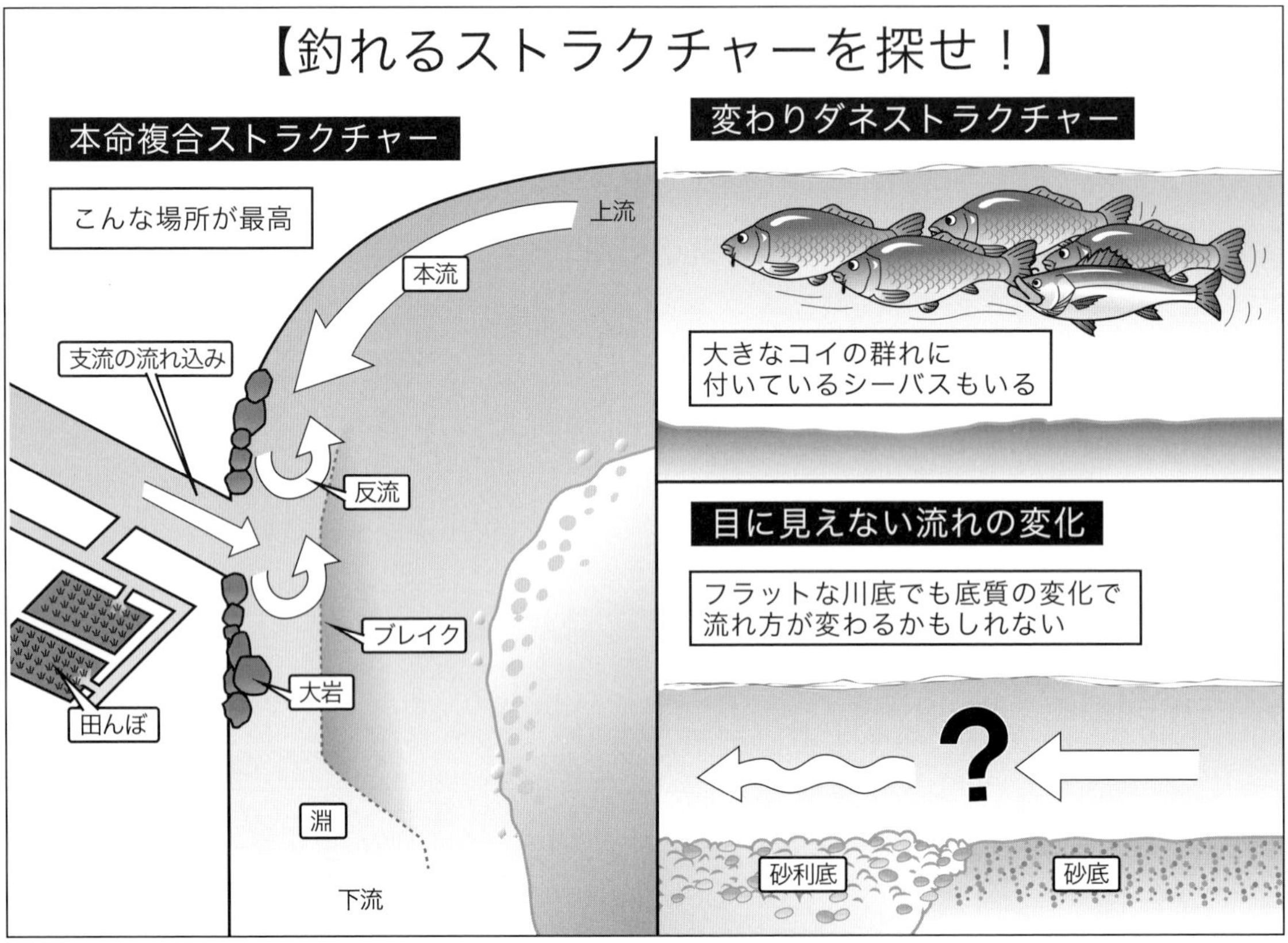

リバーゲームにおけるストラクチャーをどうとらえるべきか？　これが実に幅広い。一般的にストラクチャーといえば、シモリや岩などの自然やテトラ、橋桁といった人工構造物をイメージするが、視野を広げれば川底の起伏、ブレイク、流れが反転している部分などもストラクチャーと考えるべき。ごく希なケースでは、大きなコイの群れがストラクチャーになることも。シーバスがコイの群れに寄り添うように付いてベイトをねらっているのだ。デイゲームで流れの脇に群れるコイに付いたシーバスがはっきり確認でき、すぐそばの流れのヨレにルアーを通すとそのシーバスがスーッと出てきてガツンッ！　とヒットした経験がある。

流れの変化もストラクチャーとしてとらえられるが、明確に目視できるところもあれば見えないものもある。日中に下見した時に川底が砂から砂利に変わるラインが確認できたが水深は変わらないし、流れ方自体も全く何の変哲もない状態に見えた。しかし夜にそのラインにルアーを通すと一発でヒットしたのだ。たとえ人間の目には見えなくても、何らかの流れの変化があるに違いないのだ。また流れが絞られ反転流ができ素晴らしいヨレができているのに、そこでは全く食わなくて、その下のフワーッと流れが開いたところで食ってきて驚かされたこともある。

通常、シーバスは岩や流れのヨレなどの分かりやすいストラクチャーに付いていることが多いのだが、これらはあくまでも目安であって、常にそこで食うとは

Q. どんなストラクチャーを優先的に釣っていくのか？

A. 単一で考えるのではなく、いろいろなストラクチャーが2つでも3つでも複合する場所をまず釣るべし

中下流域に多いテトラポッドは代表的なストラクチャー。ベイトとなる小魚やエビ類が身を隠している場所である

デイでもナイトでも、最も分かりやすいストラクチャーが橋脚。流れが当たりヨレや反流が発生、周囲は深く掘れ込んでいてベイトが溜まる

かぎらない。柔軟な考えでチェックしていくことが必要だと僕は常々思っている。今日は岩に付いているのか？　砂利底に付いているのか？　また流れのヨレに付く日なのか？　逆にヨレに付かない日なのか？

自分の釣りのなかで確実に反応させられるルアーやメソッドがあれば、それでどんどん探ってみる。これで反応が得られないのであれば、そこにシーバスは付いていないと判断し、まったく異質のストラクチャー、もしくはポイントを釣っていくことが必要だ。瀬の中なのか瀬のヒラキなのか橋桁なのか明暗部なのかヨレなのかシャローフラットなのか……、その時どきで固定観念にとらわれず釣れる場所を探していく。それが釣りの楽しみでもある。

ストラクチャーを意識するのは大切なことだが、単一で考えるのではなく、できるかぎり複合的な要素がからんだ場所を重要視したい。たとえば本流がダーッと流れ、その反転流ができた下にブレイクが形成されていて、しかもそのブレイクに岩が複雑にからみ、さらにそこへ横から支流が入り、その支流が実は田んぼからの用水路で栄養分が高く、ドジョウやエビやザリガニが流れ込むことからその栄養分豊富な水にベイトも集まっている……。こんな夢のようなポイントが実際にはないにしても、これら要素のいくつかでも重なっている場所はあるはず。そんな場所を探して釣っていくのがベストなのだ。また、そうした場所こそがモンスタークラスの付き場といえる。

フィールド ⑦ 河口&下流域のポイント

街灯がつくる橋脚周りの明暗部上流側境目がナンバーワン！

リバーゲームとはいえ下流域のポイントは中上流域と違って海の釣りに近いスタイル。特に大河川ではねらい所が絞りにくいので、街灯に照らされた橋脚周りの明暗部境目などベイトが集まる場所がベストだ

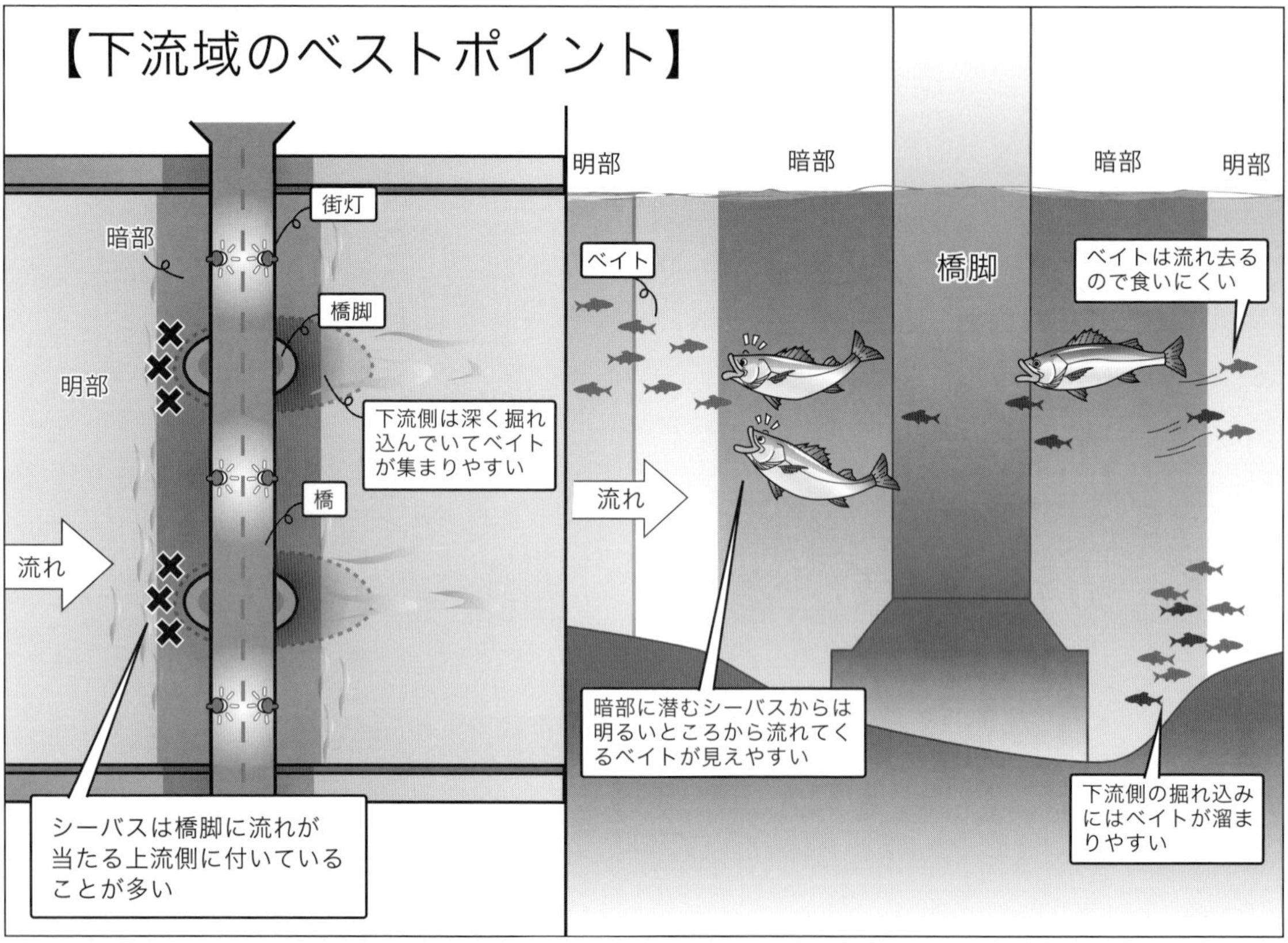

河川下流域のねらいどころとしては街灯に照らされた橋脚周辺明暗部の境目がベストだ。特に流れが橋脚に当たる上流側が最高だ。もともと流れが当たる側にシーバスは付きやすく、影になった暗部に潜んだシーバスが上流から流れてくるベイトを待ちかまえていて一気に襲いかかる。明るいところから暗いところは見えにくいが、暗いところから明るいところは非常によく見える。これは人間も魚も同じだと思う。下流側も同じ条件だが流れ去るベイトよりも自分のほうに流れてくる上流側のほうが食いやすくシーバスにとっては効率がよいはずだ。

ただ橋脚の下流側は流れが緩くなりヨレができ川底が掘れ込んで深くなっているためベイトが溜まりやすい。別の意味でよいポイントである。

次いでシャローフラットからのブレイクも見逃せない。河口に近いエリアでは干潟ができ浅くなっている部分が多くある。そんなシャローフラットはボラやハゼなどのベイトが多く、それらが引き潮とともに沖に出ると、その先にあるブレイクで待ちかまえていたシーバスの餌食となるのだ。潮位が高い場合はシャローフラットまでシーバスが侵入してくるので、潮位の高低にかかわらず、よいポイントだ。

ミオ筋も面白い。デイゲームでは特に干潮時に有力なポイントで、図体のでかいシーバスが身を隠すには最適の深みなのだ。ただ、そのシーバスがフィーディングに入っているかは別の話で、魚がいる可能性が高い場所という意味だ。

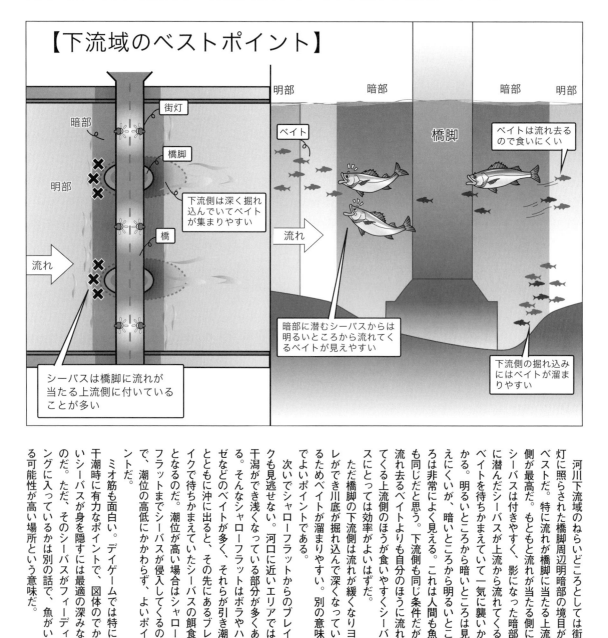

Q. 干潟の先は浅すぎてポイントにならない？

A. 引き潮時に前へ出てシャローフラット沖のブレイクで待ちかまえるシーバスがターゲットになる

下流域で絶対外せないのが橋脚周辺の明暗部境目。特に流れが当たる上流側をねらうのがセオリーだ

大河川の河口部には石積みの護岸やケーソン護岸など海と変わらないショアラインが形成されているが、足もとが浅いことも多く沖のミオ筋やブレイクねらいが面白い

干潟の延長、シャローフラットの沖にあるブレイクでは、引き潮とともに沖に移動するベイトを待ちかまえるシーバスが潜んでいる

石積みの護岸際も常夜灯や月明かりで明暗部ができるので、際の暗いところにシーバスが潜んでいることが多い。波板になった護岸にはエビやカニなどのベイトも豊富なため、それをねらってシーバスも回遊してくる。

フィールド ⑧ 中上流域のポイント

内外の地形差そしてブレイク流れが湾曲する部分が最重要

「これぞリバーゲーム！」と言えるのが中上流域の釣り。
川は湾曲し、瀬、トロ、淵と表情も豊か。第一にねらいたいのは流れが湾曲した部分。
瀬の流れが当たった下流側に深い淵、大岩があれば最高だ

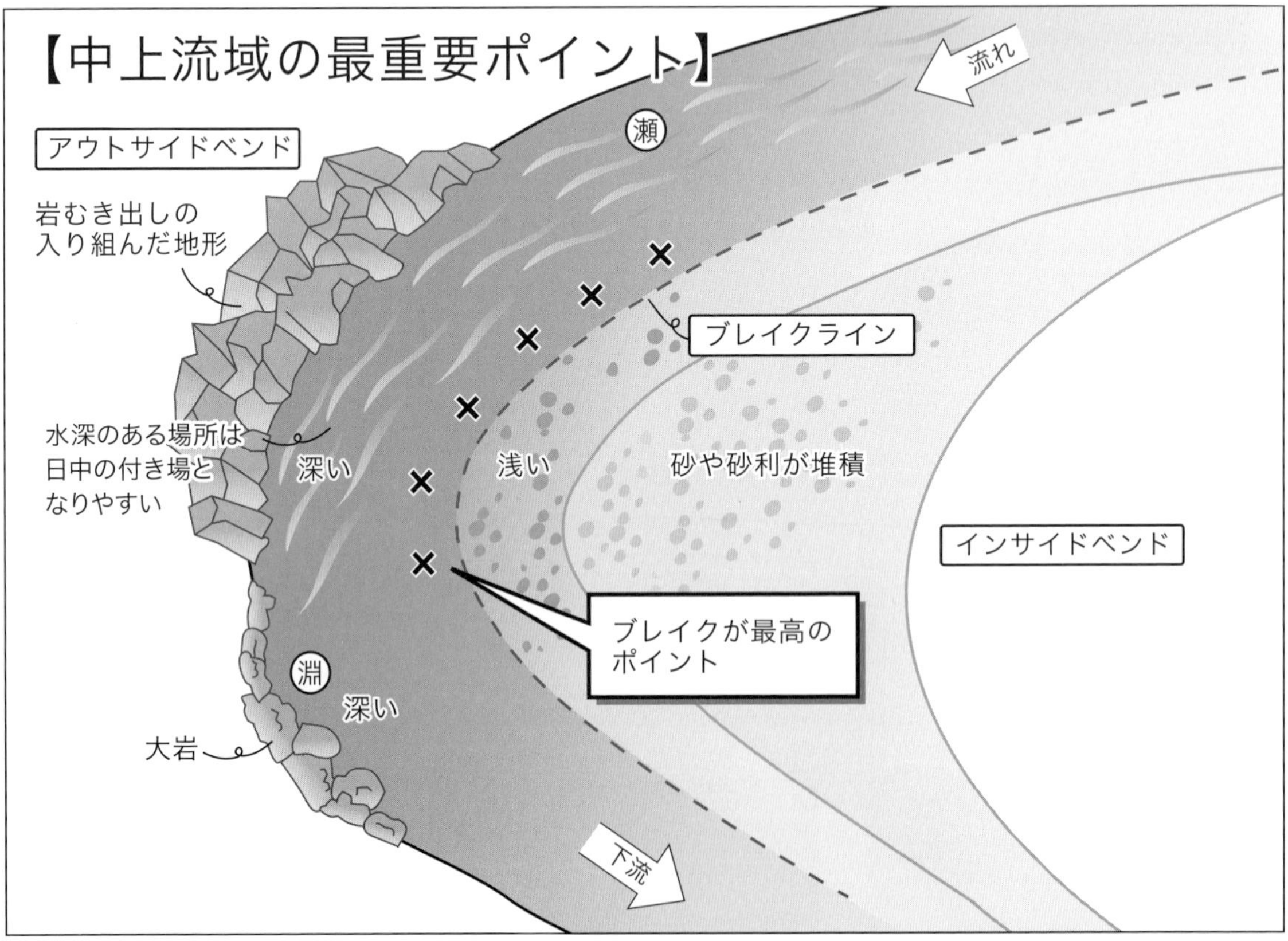

中上流部の地形で重視するのは川の湾曲部だ。流れの当たるアウトサイドは掘れこみが深くなり、インサイドは砂や砂利が堆積して浅くなる。そこに形成されるブレイクがポイントになるのだ。また流れが当たるアウトサイドは軟らかい部分が長年の歳月をかけて削り取られ、岩などの硬い部分のみが残っており、入り組んで複雑な形状をしていることがほとんど。深くなっているので日中は身を隠しやすいシーバスの付き場となる。シーバスは夜になると浅い所に出てくるが、下流域にくらべ全体的に水深がない中上流部では少しでも深い場所付近がナイトゲームの好ポイントになる。

ブッシュや冠水した立木はエビが付きやすい。川を遡ってくるシーバスはアユやウグイ、フナなどミノー系を主に食っているが、テナガエビやザリガニなどの甲殻類も捕食するので、ブッシュ際はそれらベイトに逃げ込まれやすい反面、追い込む場所にもなるので、ねらいどころのひとつになる。

瀬をねらう場合は、シーバスがゆったりと上から流れてくるベイトを待ちかまえられる瀬のおわりが最有力場。その瀬のおわりと下の淵の境目に大岩がからみ、流れがヨレるところがあれば最高だ。流れの速い瀬の中でもシーバスにルアーを食わせることはできるが、ルアーをじっくり見せることができないので効率が悪い。反対に流れが緩いトロ場もルアーを見破られる可能性が高く、ねらう価値は低い。浅いチャラ瀬自体はポイントではないが、チャラからいきなりドスンと

Q. 瀬をねらう場合は流れの真ん中を釣るのがよい？

A. ねらうのは瀬落ち（瀬のおわり）部分。シーバスは流されてくるベイトを待ちかまえているはず。チャラ瀬からいきなり深くなるブレイクも見逃せない

自然河川は曲がりくねって流れていて、こうした地形の変化が多くの生命を育んでいる。海から遡ってきたシーバスも例に漏れず川の湾曲部に生活の場を見いだしている。流れが当たるアウトサイドベンドは深く掘れ込みシーバスが身を隠しやすく、インサイドは砂や砂利が堆積し浅い。そのブレイクが最高のポイントだ

下流域にくらべて浅い中上流部では写真のような深い淵が近くにあることがポイントの条件になる

瀬落ちの下に大岩が絡んだポイント。シーバスが上流から流されてきたベイトをゆったりと待ちかまえている

深くなるブレイクは絶好だ。浅いチャラを流れるルアーの波動だけがブレイクの深みに潜むシーバスに伝わり、いきなり目の前に現れたルアーに反射的に飛びついて来るのだと思う。水深があるトロ瀬の瀬肩は夜間にアユが溜まるので素晴らしいポイントになる。

フィールド ⑨ 都市部を流れる中小河川のポイント

流れ込みに水門、橋の上下流
浅場を効率よくランガン

全国のどこにでもある都市部を流れる中小河川はお手軽なゲームフィールド。ロケーションは違えどリバーシーバスの基本はまったく同じ。1ヵ所で粘らず、どんどんランガンしていくのがベター

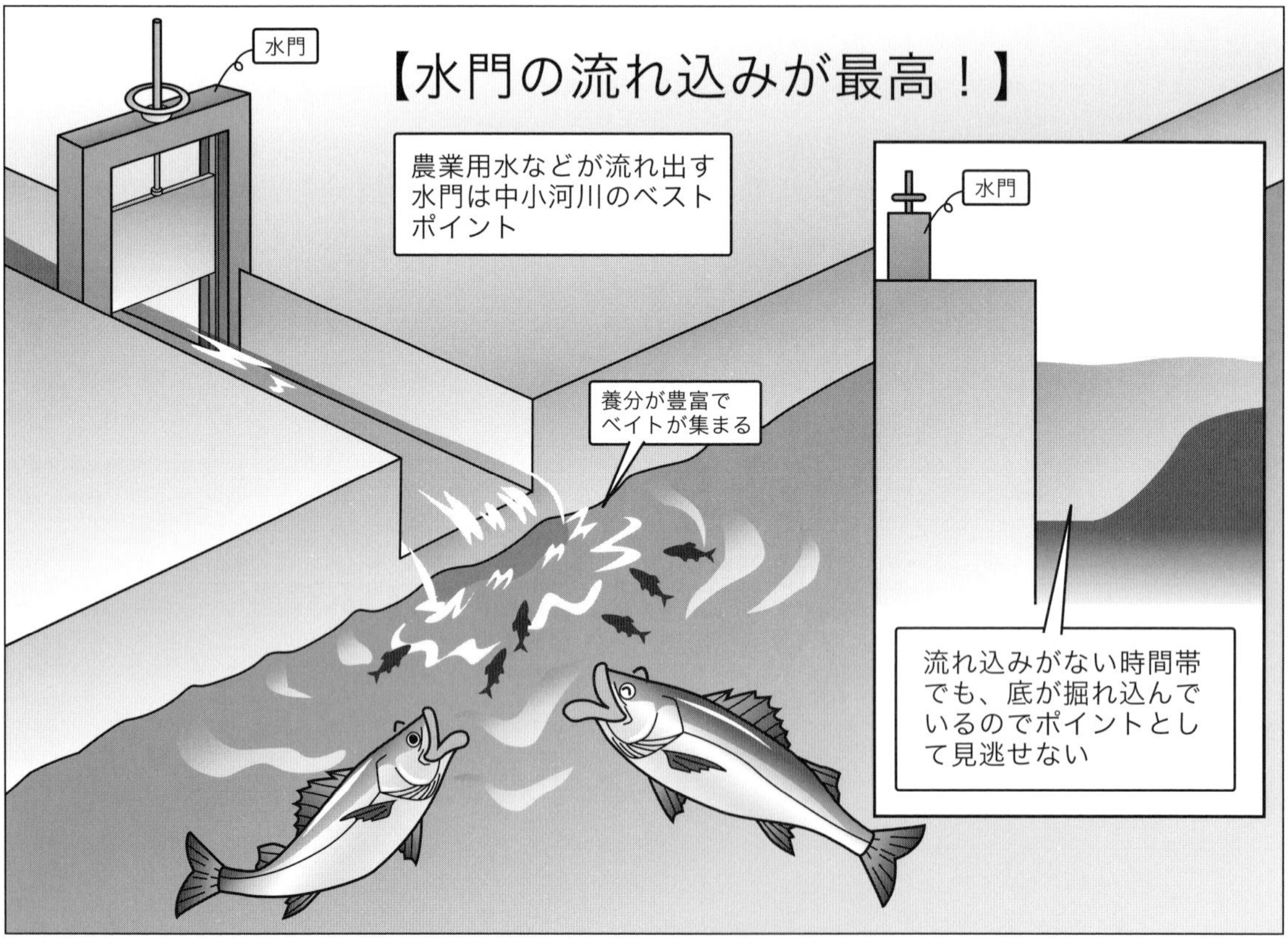

水門
【水門の流れ込みが最高！】
農業用水などが流れ出す水門は中小河川のベストポイント
水門
養分が豊富でベイトが集まる
流れ込みがない時間帯でも、底が掘れ込んでいるのでポイントとして見逃せない

街中を流れる中小河川、たとえば和歌山市内の和田川とか徳島県の鳴門市でいえば撫養川などは、住宅街からの排水や農業用水などの流れ込みが第一のねらいどころになる。潮位に関係なく常に勢いよく流れ込むところは分かりやすい絶好ポイントだ。

水量が非常に乏しく普段はほとんど流れていないが、満ち潮時には川が逆流し引き潮になると流れ出すところも目立たないがポイントとして認識しておきたい。こうした場所はサオ抜けになっていることが多いのだ。排水で溜まった漂流物が引き潮になると流れ出し、それにベイトの小魚が群れ、フィーディング態勢に入ったシーバスも集まるからだ。

水門のある場所では水門が開く時間をチェックしておくことも必要。釣り時間中に全く流れ込みが発生しないこともよくある。しかし流れ込みがなくても水門の下は川底が掘れ込んでいることが多く、閉じている水門自体も壁というストラクチャーとして考えられるので、釣り方次第ではチャンスがある。

都市型河川の特徴としては、いたるところに橋が架かり、その橋桁周辺に明るい街灯が非常に多いこと。その街灯が照らす川面の明暗部がよいことは周知の事実だが、特に流れが当たる側、つまり明るいほうから橋の影へ流れが向かう明暗部の境目がねらいどころになる。これは橋の上流側または満ち潮で逆流する場合は下流側となる。

川が湾曲している場合はアウトサイドベンド、つまりカーブする流心の外側を

Q. 水深のある所より浅場がよいのはナゼなのか？

A. 浅いほうがレンジを探る必要がなく、数少ないルアーローテーションで効率よく釣り歩けるから

都市部を流れる河川も橋の街灯で照らされた明暗部の境目、流れが当たる側の橋脚を絡めて釣っていくが、満ち潮が差し込んでくる時は下流側をねらう

橋や道路を通行する人や車に充分注意。太めのラインを使えばキャスト切れを防げるだけでなく障害物によるラインブレイクも回避しやすい

重点的にねらっていく。浅く流れの緩いインサイドはベイトが溜まりやすいところで、シーバスが捕食のために出てきて待ちかまえているのは深く流れがあるアウトサイド。できればアウトサイドの下流側に立ち、上流向きにキャストし、本流にルアーを乗せてアウトサイドの壁際に押し寄せられるように流れるベイトを演出する。同じ都市型の河川でも撫養川のように激流になるところもあれば、和田川や同じ和歌山市の水軒川、大阪湾岸の水路など、それほど流れない場合もある。流れのない川でもアップクロスでスローに引いて誘えるので問題ない。

水深はありすぎるとよくない。深い川は鉄板やバイブレーションなど使えるルアーが増え可能性としては高くなるが、勝負が遅くなるからだ。都市型河川は1ヵ所で粘らず、いろいろなポイントをランガンする釣り。そのため浅いところにねらいを絞ったほうがよい。浅場ならレンジが限定されミノー、シンペン、ワームという数少ないローテーションで効率よく探れるので勝負が早い。水深2mくらいまでが理想だ。

注意点としては通行量、交通量の多いところは安全性を考えて避けること。切れて飛んだルアーが橋の上や道路上を通行中の人や車に当たれば一大事。キャストの際も人や車の通行がないか、しっかりと確認しておきたい。河川規模が小さいので遠投の必要はそれほどなく、太めのラインを使うほうがキャスト切れせず安心。障害物も多いので釣り自体にもメリットが多い。

Column 山本典史的ベイト考

アユやウグイ、オイカワ、フナは当たり前 カニにザリガニ、オタマジャクシまで食っている！

ポットベリーなシーバス。この腹のなかには、いったいどんなベイトが入っているのだろう？　基本はリリースだが運悪く死なせてしまった場合は胃の内容物をチェックする

[エリア別の私的ベイトランキング]

●自然河川の中上流部
①アユ
②川魚（ウグイ、オイカワ、カワムツなど）
③エビ類（ザリガニ含む）

●自然河川下流部
①フナ
②ボラ
③アユ（稚アユと落ちアユ）

●都市部の中小河川
①バチなどマイクロベイト
②ボラ
③ヒイラギ

チヌやキビレならバッタやトンボ、コガネムシ、セミなど陸生昆虫からカエルまで食っているが、基本的にシーバスはそこまで範囲が広くない。しかし釣った魚の胃の中には、けっこういろいろなものが入っている。アユやウグイなど小魚系は当たり前として、カニ（サワガニ、アカテガニ）、ザリガニにテナガエビ、ヤゴ、ミミズ。ときにオタマジャクシまで食っていることがある。

ゲームを組み立てるうえで、僕が好むベイトパターンと食い違いはあるが、実際にリバーゲームで釣ったシーバスでチェックしたかぎり、最も多いのはオイカワとフナだ。なぜかというと動きが遅く捕食しやすいからだと思う。次に多いのがアユ。これはきっと美味しいからに違いない。シーズンになれば群れで大量にいることも影響しているはず。当然、ウグイやカワムツも多い。中下流域になるとブルーギルも食っている。ほか安定して腹から出てくるのはハゼ類、ボラ。河口に近いエリアではコノシロ、サヨリ、ヒイラギ。マイクロベイトではバチ、シラスウナギ、シラウオ、ボラの稚魚。農業用水などの流れ込みがあるところでは小ブナにドジョウも。タニシなど貝類も食うとは聞いているが、僕は実際に見たことがない。

大好きなベイトの１つであるアユのハミ跡。水位が下がった河原の石を注意深く見ると確認できる。石のコケをこそぎ取った跡の大きさからするとけっこう型がよいようだ

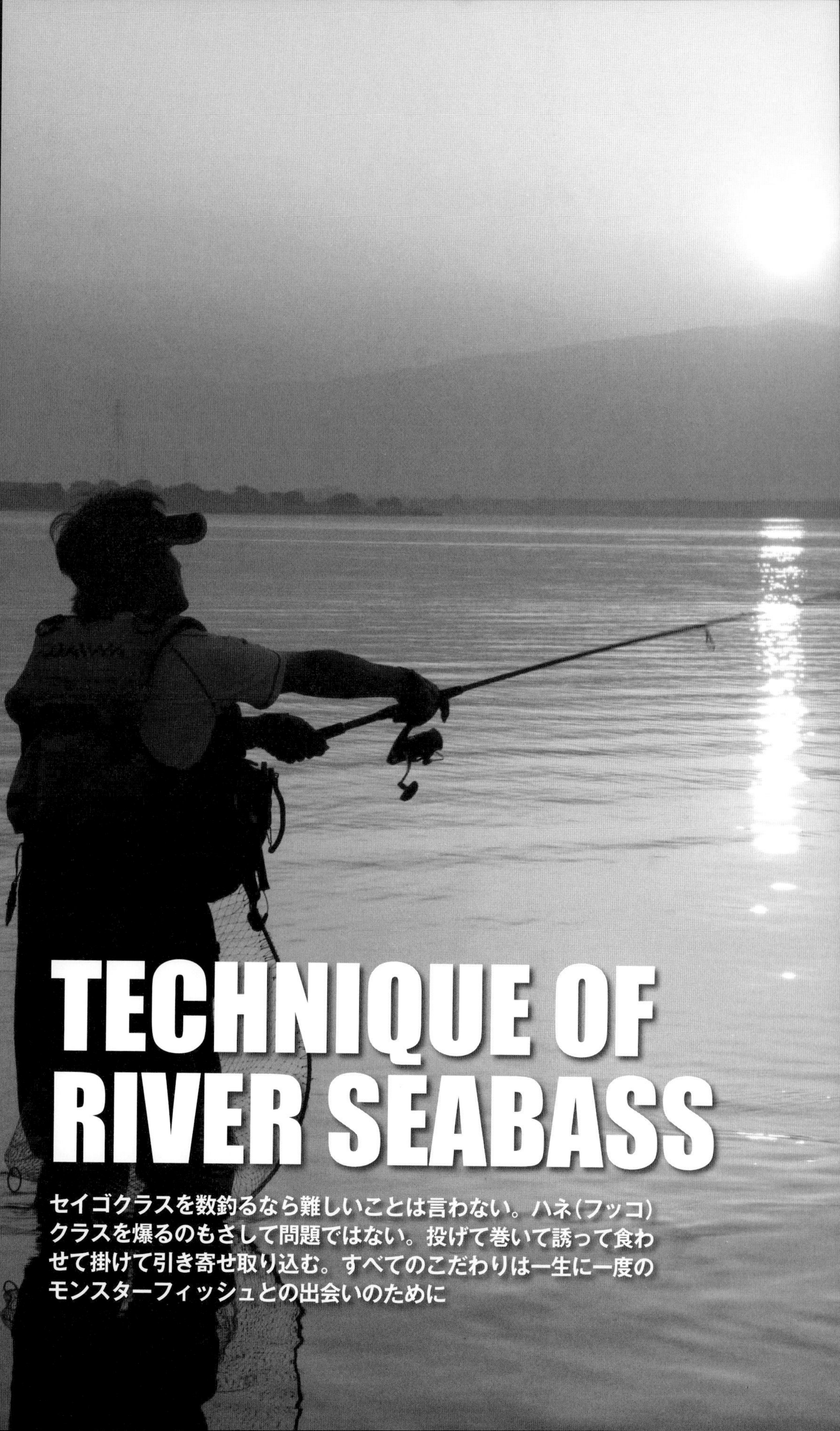

TECHNIQUE OF RIVER SEABASS

セイゴクラスを数釣るなら難しいことは言わない。ハネ(フッコ)クラスを爆るのもさして問題ではない。投げて巻いて誘って食わせて掛けて引き寄せ取り込む。すべてのこだわりは一生に一度のモンスターフィッシュとの出会いのために

テクニック ① いろいろな釣りを楽しもう

すべての道はモンスターへ通ず スキルアップはこう目指す！

自身のシーバスフィッシングを目標レベルに到達させるためには、同じフィールドでシーバスだけを追いかけていてはダメ。あらゆる釣りを経験したマルチアングラーこそがさらなるステップアップを手にできるはず

磯のヒラスズキはリバーシーバスと共通する部分も多く、両方を経験することでシーバスフィッシングのスキルはさらに向上する

１㎝でも長く１ｇでも重い魚を１尾でも多く釣りたい。これが僕のシーバスフィッシングのポリシーだ。リバーシーバス同様、磯のヒラスズキゲームが好きなのはこの本の最初に述べたが、その磯ヒラに僕のポリシーを反映させるためには、磯ヒラゲームオンリーでは絶対に到達できないと思っている。シーバスゲームにはスズキのほかヒラスズキというターゲットがいて、フィールドもロックショアゲーム以外に、リバーゲーム、ベイエリアゲーム、サーフゲームと多岐に分かれる。それぞれのシーン、シチュエーションでしか通用しないテクニックがあるのは確かだが、生かせる共通部分も実に多いのだ。とにかく今現在できることのベストを尽くすことがゴールへ向けて、よい影響を及ぼすのだ。

またシーバスをねらいながら、マゴチが釣れると分かったらマゴチもねらい、そのパターンでシーバスもヒットしないかと試す。まったく違うフィールドでメッキやタチウオを釣っていて、シーバスに生かせるテクニックやパターンを発見することも少なくない。また僕は磯のグレをフカセ釣りでねらったり、清流のアユを友釣りでねらったりもしている。

細イトを使うフカセ釣りはレバーブレーキでやり取りする練習にはもってこい。本命のグレだけでなく外道で怪力のサンノジ（ニザダイ）やイスズミなど練習台にはこと欠かない。アユの友釣りはイトが超極細でサオ１本分、９ｍ前後のノベザオを使った釣り。流れのなかで掛かったアユとオトリ２尾分の引きと重量

Q. ルアー以外の釣りもシーバスフィッシングに役に立つ？

A. たとえばグレ釣りはレバーブレーキの使いこなし、アユの友釣りはサオさばき術。ともにリバーシーバスには欠かせない流れを読む訓練になる

レバーブレーキを使いこなすうえで非常に勉強になったのが磯のグレ釣り。本命が釣れない時でも外道たちが強力なのでレバーブレーキ術を磨くことができた

アユの友釣りからはノベザオによる魚のいなし方が大いに役立つ

河口に近いエリアでは、同じフィールドでマゴチをねらうことも。マゴチパターンでシーバスがヒットしないか試してみるのも面白く勉強になる

をサオさばきだけでいなし、時にはロッド角度を生かすため立つ位置を変えて対応しなければならない。また時にラインテンションだけで生きたオトリを緻密に操るのも特殊。この経験はリバーゲームのやり取りにも大いにプラスになる。

またグレのフカセ釣り、アユの友釣り経験で共通して役立つのが流れを読む力が養えたこと。軽いフカセ仕掛けをなじませる、生きたオトリを泳がせる、これらは海や川には目には見えない流れがあることを実体験できる。

とにかくマルチに、いろいろな釣りを経験することが大切だと思っている。リバーゲームで同じ1尾を釣るにしても「ミノーでしか釣る自信がないからミノーを投げて釣った」と「いろいろなルアーで釣ることができるが、今ここではミノーがベストマッチなのでミノーで釣った」とでは大きく違う。いろいろなルアーを選べる選択眼と、いろいろなルアーを使いこなせるスキルが必要だ。

テクニック ② キャスティングはロングディスタンス&ノースラック

トレースコースを考え風と流れを計算し着水点を決定

ロングキャストの基本はオーバーヘッドスローでタラシを長く取ったペンデュラム。使用ロッドのリリースポイントを把握し、風や流れによるラインスラック量を計算し、的確にルアーをポイントまでトレースできる着水点へ

【スラックを小さくするキャスティング】

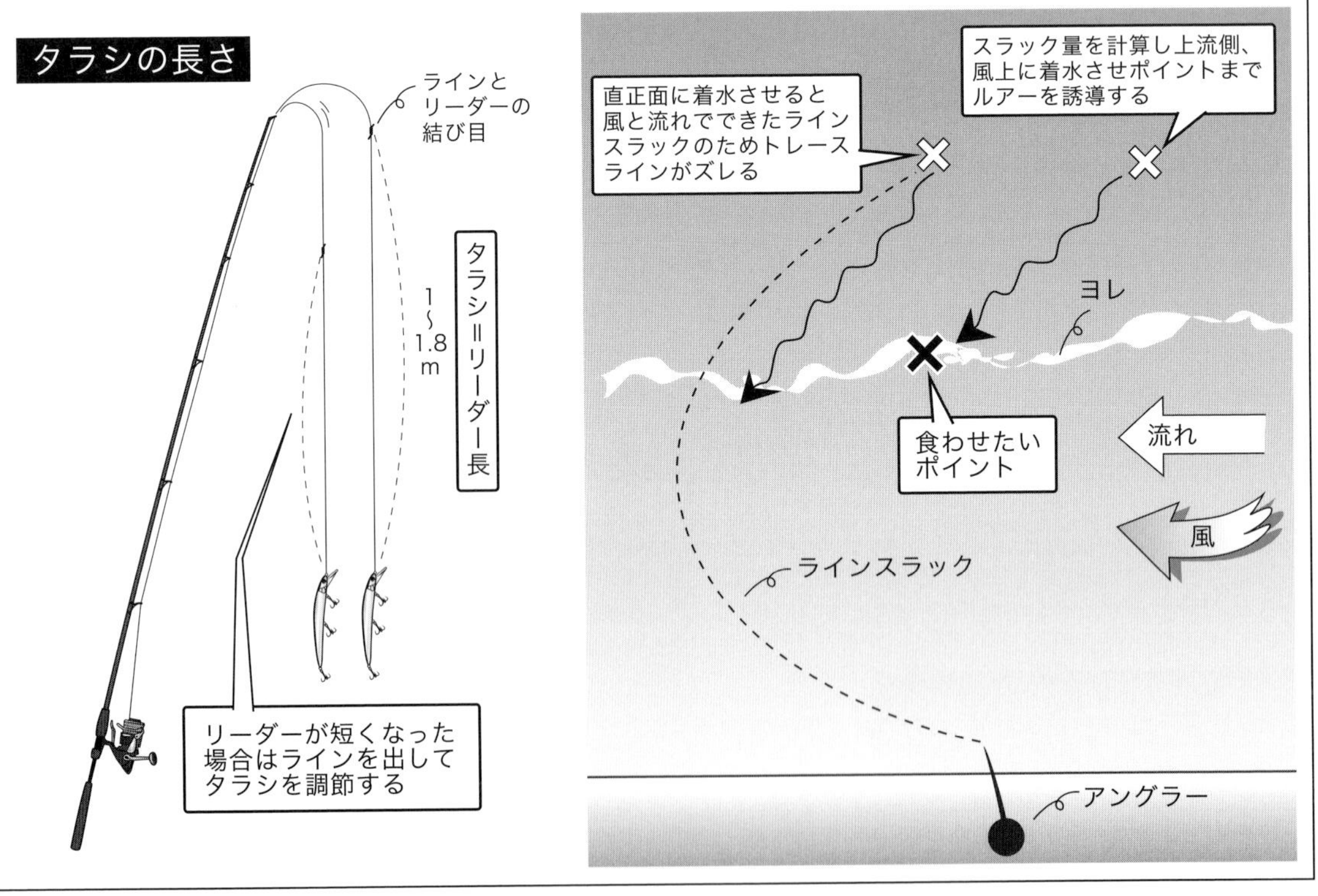

ゴールはどこか？　僕の場合はビッグシーバスを釣ること。釣りあげるのを最終ゴール地点として、そのために掛ける、食わせる……と逆算していくと、釣るためにどういうルアーを選ぶのか、そのルアーをどこに投げたらよいのか、そこに投げるためにはどうすればよいのかを一連の流れとして考えなければならない。しっかりバイトさせフッキングまで持ち込むことを前提にルアーを選ぶことが、マラソンでいえば、しっかり体調を整え準備万端で並んだスタートラインとなる。そしてスターターピストルが鳴り最初に踏み出した一歩がキャスティングである。

遠投の基本はオーバーヘッドスロー、場合によってはスリークォーターでもかまわない。飛距離を伸ばすためにはかなり長めのタラシが必要で、タラシを長くして振り子のようにして投げるのをペンデュラムキャストと呼ぶ。具体的な長さはリーダーの項でも紹介したが最短で1m、ロッドの長さにもよるが、最長で1.8mが目安だ。

ただしタラシを長く取るほどコントロールは難しくキャスト精度が落ちるので、そこそこの練習&経験を積まなければならない。またペンデュラムキャストは飛行ルアーが山なりの放物線を描く。そのため飛距離が増すが、その分ラインスラックが多く出るのを計算に入れなければならない。無風の場合は問題ないが風がある場合は飛行中に出るスラック量が増加し、川面に横たわったラインのタルミがより流れの抵抗を大幅に受けてし

Q. 風の強い日、ラインスラックが多く出ないようにするための対処法は？

A. キャスト直後にロッドを前に倒し、着水後にすかさずリールを巻きながらロッドを立てるとスラック量を押さえることができる

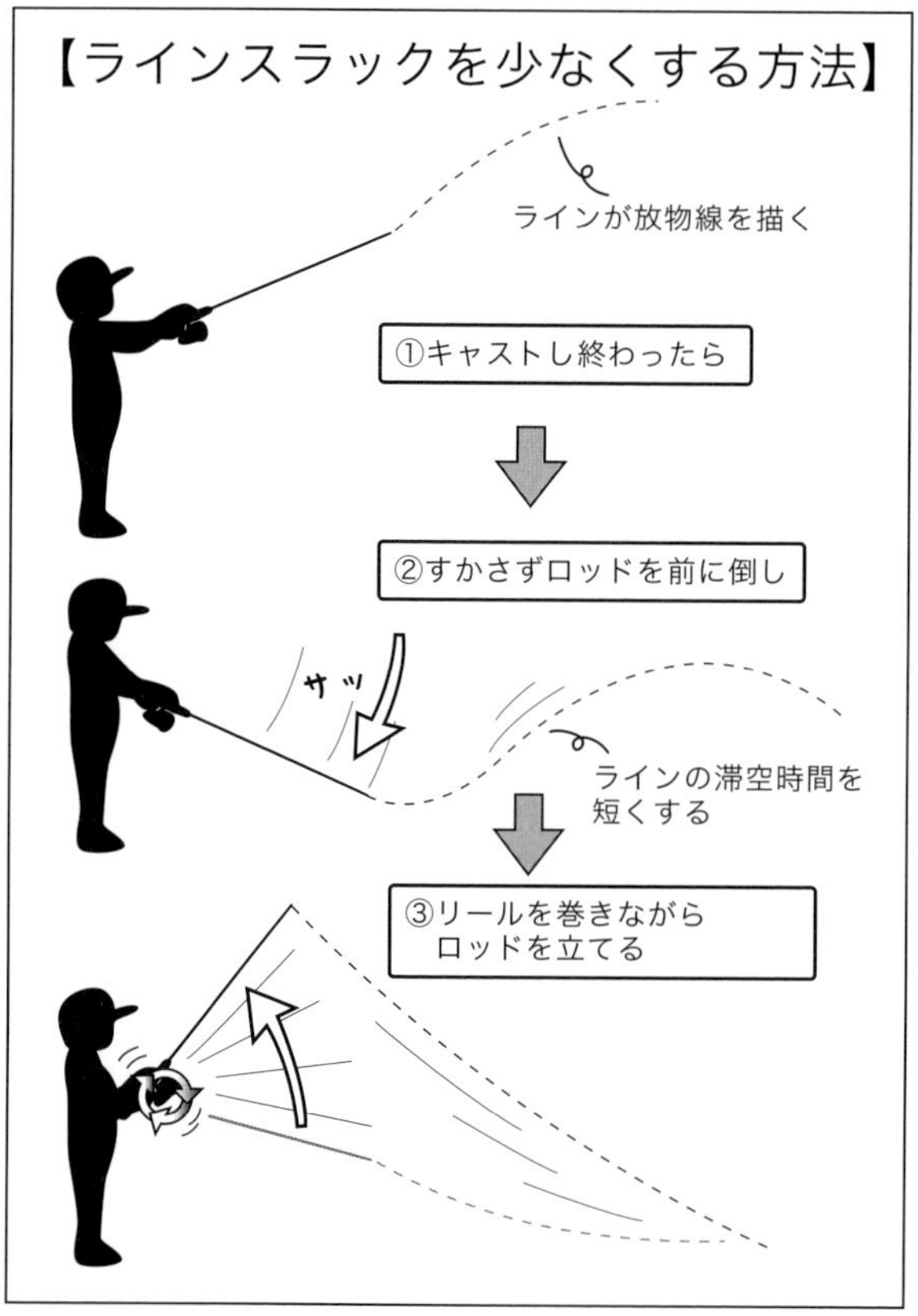

【ラインスラックを少なくする方法】
ラインが放物線を描く
①キャストし終わったら
②すかさずロッドを前に倒し
サッ
ラインの滞空時間を短くする
③リールを巻きながらロッドを立てる

キャスティングをマラソンにたとえると、ゴール目指してスタートする最初の一歩。ゴールはどこか？　もちろんモンスターシーバスだ

まう。ルアーの着水点がねらいどおりだったとしてもトレースラインが大きくズレてしまうのだ。

食わせたいポイントに的確にルアーを通すためには、風と流れを読み、どの位置にルアーを着水させればよいかを決めてからキャストすることが必要だ。またキャスト直後にロッドを前に倒し、すかさずリールを巻きながらロッドを立てることでラインスラックの量を減らせる。このキャスティング直後の処理テクニックを併用することで、できるだけトレースコースのズレを減らし、より正確にポイントまでルアーを導きやすくすることができる。

ロングキャストのコツは使用ロッドのリリースポイントをつかむことだ。適正なリリースポイントでロッドスイングをピタッと止めることで、曲がり込んだベリーからティップが反発力で元に戻るスピードがスイングスピードを上回り、ルアーをより強力に前方へ押し出してくれる。またムダなスラック量を抑えてくれる効果もある。都市部を流れる河川でポイントが至近距離だったり橋脚周り、橋の下など狭い場所はコントロール優先、アンダースローやサイドスローを活用する。

テクニック ③ 川鱸攻略３つの鉄板アプローチ

これがルアー操作の大基本 不自然動作を誘いとしてとらえろ！

「投げては巻く」がルアーフィッシングだが、常に流れのあるリバーゲームでは、ルアーを流れに乗せて流し込むドリフトも基本テクニックのひとつだ。実際にはドリフトとリトリーブを複合させて釣っていることが多い

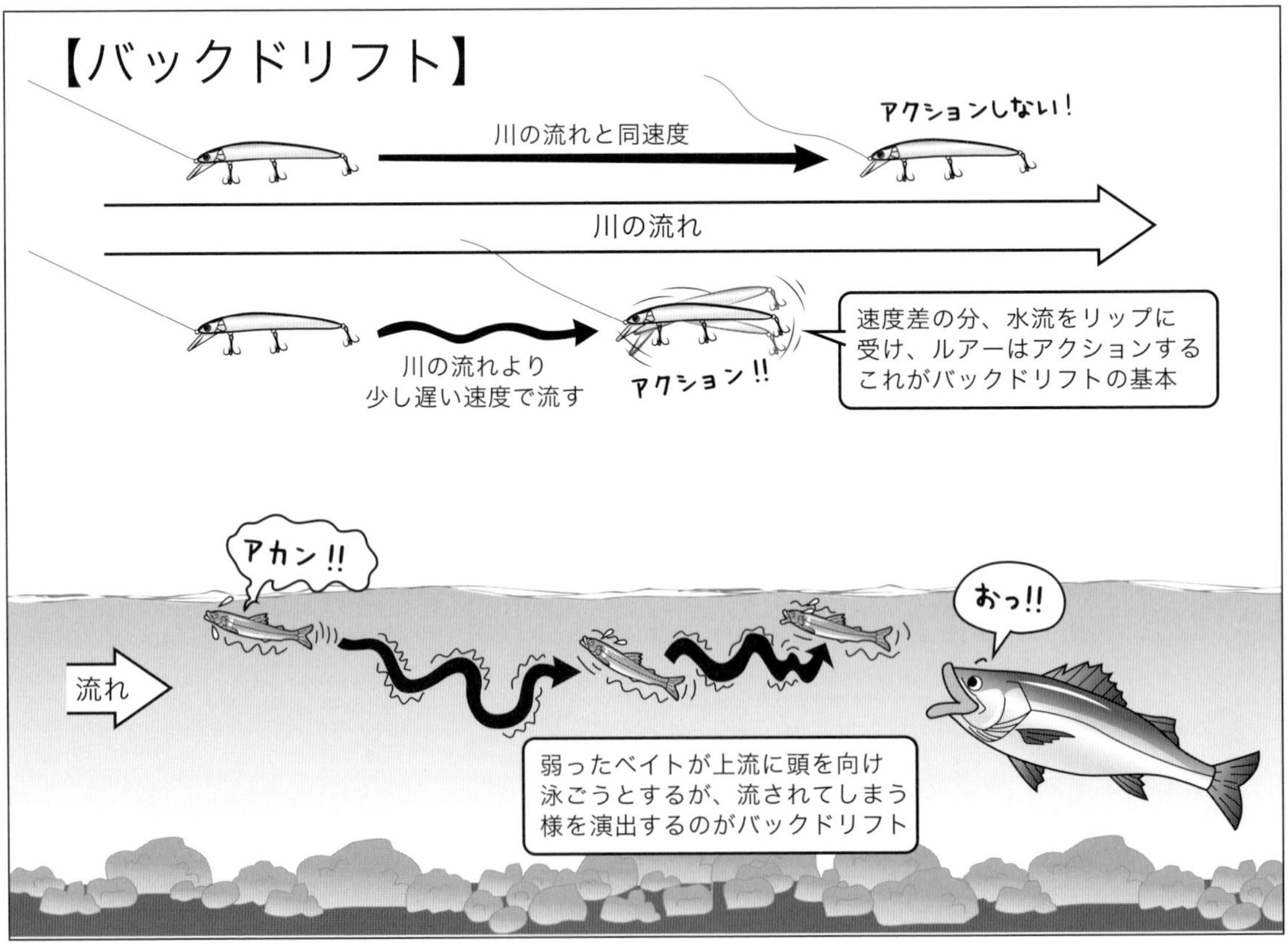

リバーゲームでのルアー操作の基本は「バックドリフト」、「U字エフェクト」、「リトリーブ」の3パターンで構成され、そのどれもが密接な関係を持っている。ラインとつながっているかぎりルアーが自然に流れて泳ぐことはありえない。一定ではない川の流れで常にイレギュラーなドラッグがかかり不自然な動きになる。しかし、それを否定的には考えず僕は「誘い」としてとらえている。

個人的に一番好きなのがバックドリフト。速い流れの中でルアーを下流向きに流し込んでいく方法だ。ルアーはリップなど頭の部分に水流を受けないとアクションしない構造になっているが、川の流れよりも遅いスピードでルアーを下流に送っていくことで、その流速差の分だけ水流がルアーにかかり、アクションしながら下流に流されていく。これが弱ったベイトが上流に頭を向け流れに負けて流されていくさまを演出する。そのためにはある程度の流れと流れに敏感に反応してアクションするルアーが必要だ。つまり激流の中でバタバタ激しく動きすぎるルアーが最も適している。アップストリームにキャストしてスッと引けるルアーはバックドリフトでは使いにくいといえる。

適度なテンションをかけながらラインを出していくことからベイトリールが向いているが、レバーブレーキならレバーの押さえ加減でラインテンションを調節しながらローター逆転を制御できる。また速い流れではロッドを下に向けた状態でオープンベールにし、ロッドを上に素早く上げながらサッとラインを出してベ

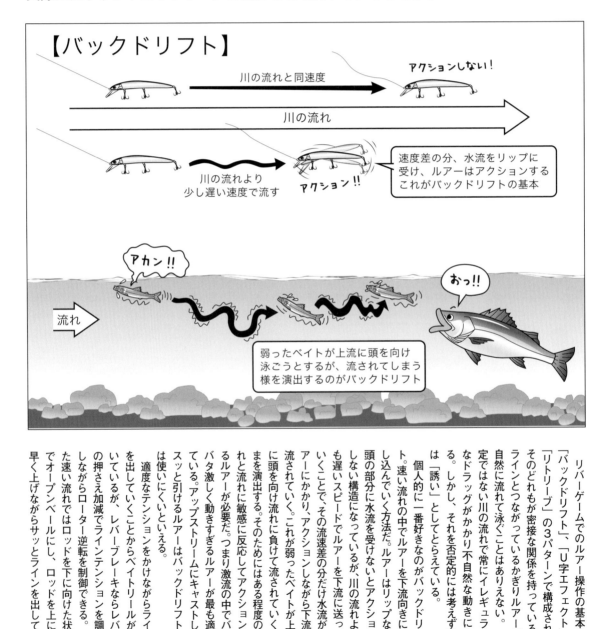

Q. ドリフトとリトリーブの使い分けの目安は？

A. 捕食本能に訴える時はバックドリフトかＵ字エフェクト、リアクションで口を使わせるのがリトリーブ。

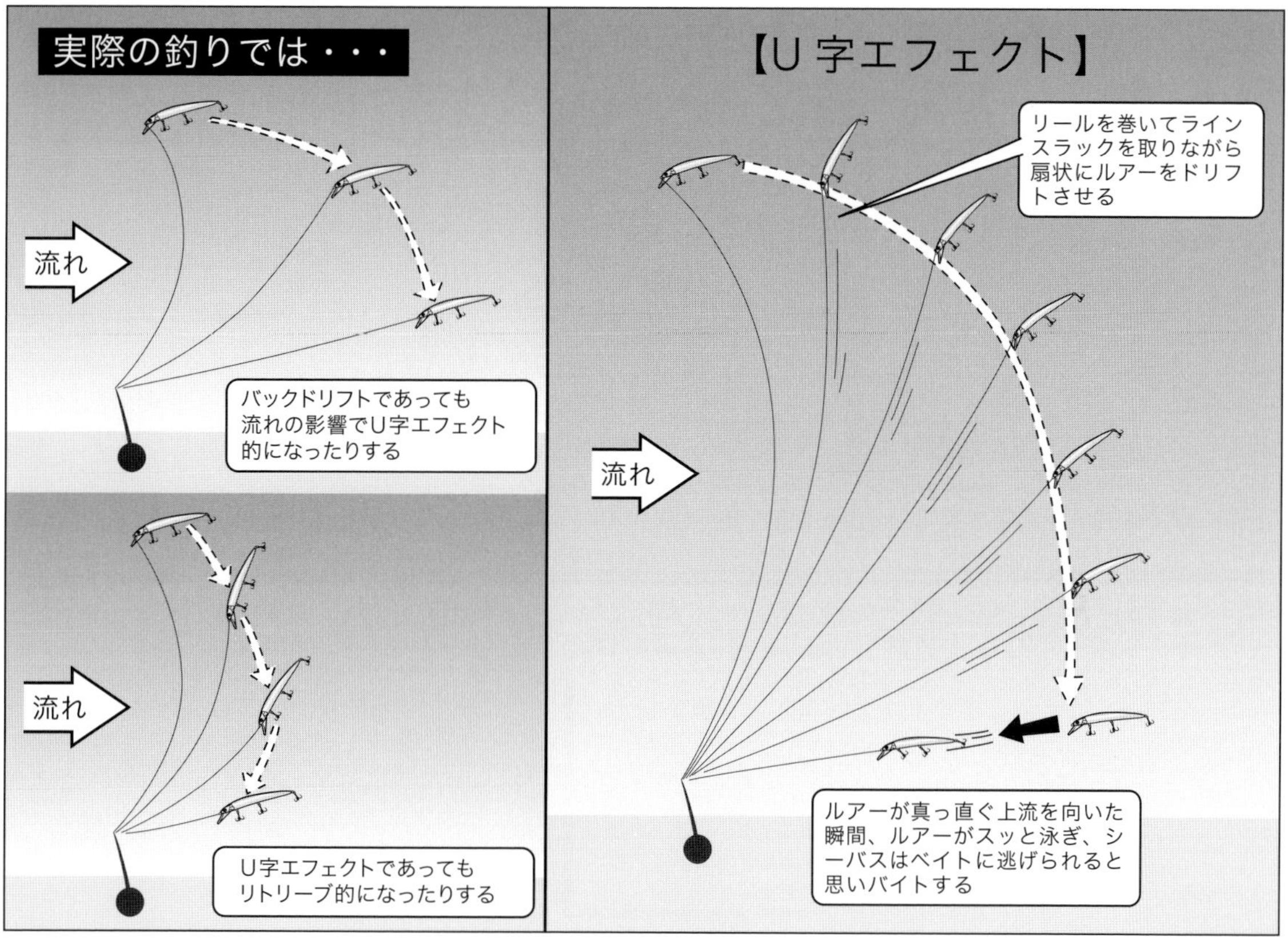

ールをクローズ。ティップに適度なテンションを感じながらロッドを下に送っていく方法を繰り返す。

２つ目のアプローチが、扇状にルアーをドリフトさせるU字エフェクト。流れに対してほぼ直角（クロス）に投げたら、リールをゆっくり巻いてラインスラックを取りつつ扇状の軌跡を描くように流していく方法。途中で食ってくる魚もいるが、ロッドティップのほうを向いていたルアーの頭の向きが真っ直ぐ上流を向いた瞬間にベイトに逃げられると思いドンッとバイトしてくることが多い。

３つ目のリトリーブは川の流れとラインスラックの関係で多少扇状のトレースコースにはなるが、リールを巻いてルアーを引き、食わせるポイントにきっちりルアーを通す定番の方法。僕は流れのヨレなどのピンスポットをねらうのが好きで、流れを計算しバックドリフトやU字エフェクトでルアーを導き入れシーバスの捕食本能に訴える時と、リトリーブでダイレクトにザッとルアーを通してリアクションで食わせる方法を使い分けている。目安としては、まずドリフト系で捕食本能に訴えて食わせる方法を試し、それで食わなければリトリーブによるリアクションで誘う。ただ、この３パターンの境界線は明確ではなく、川の流れが一定ではないため、バックドリフトであっても扇状になったり、U字エフェクトであってもラインスラックを多めに巻き取ってリトリーブっぽくなったり、実際はドリフトとリトリーブをハイブリッドさせた釣り方になっている。

テクニック ④ 強風に負けないラインメンディング

「ライン操作」は風と流れを味方につけるべし

ルアーフィッシングにおけるラインメンディングは
「ラインが風や流れの影響を受けないように操作すること」だが、
風や流れを積極的に利用するのがマルチアングラー山本典史のスタイル

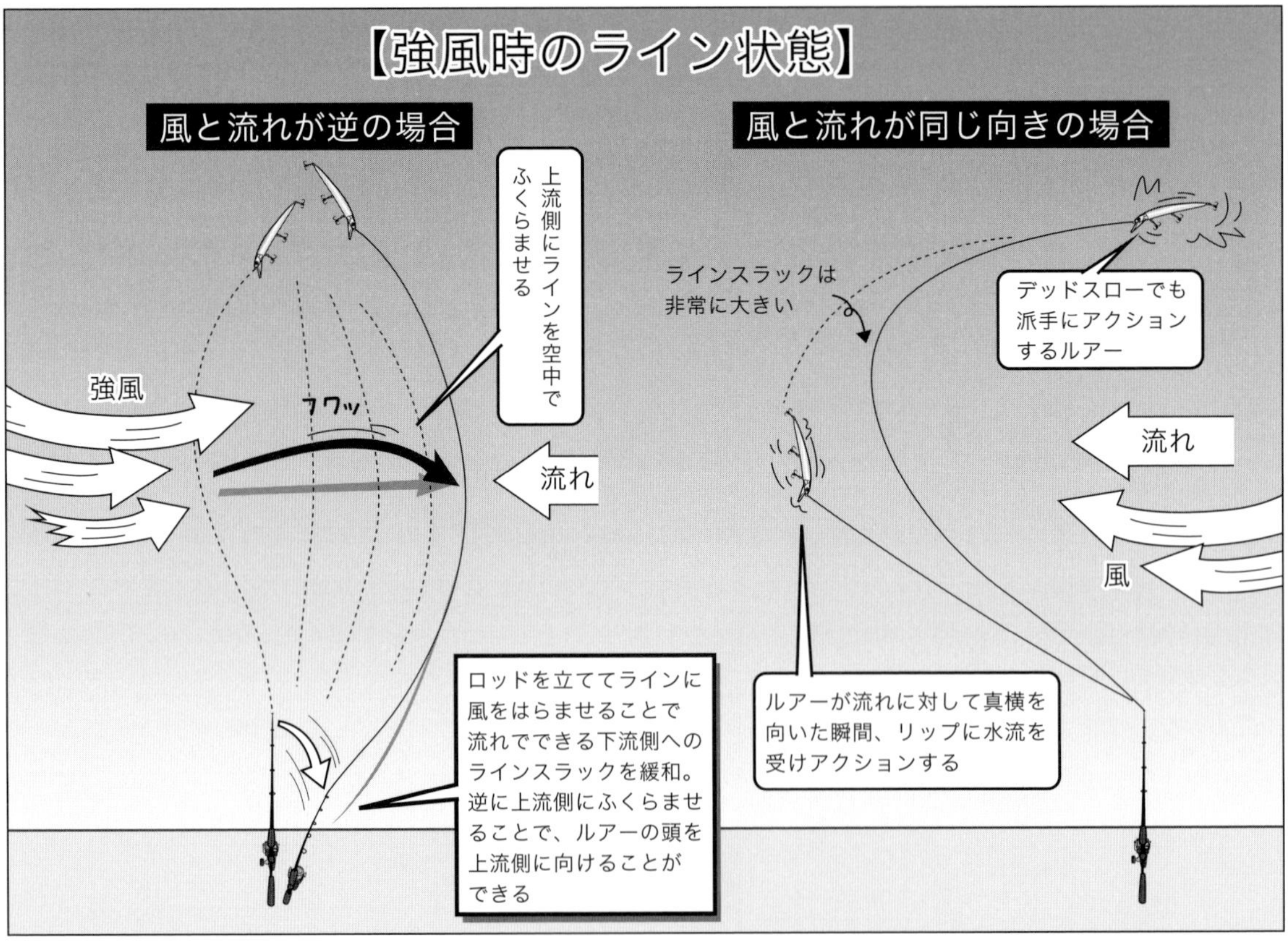
【強風時のライン状態】
風と流れが逆の場合
上流側にラインをふくらませる
ラインを空中でふくらませる
強風
フワッ
流れ
ロッドを立ててラインに風をはらませることで流れでできる下流側へのラインスラックを緩和。逆に上流側にふくらませることで、ルアーの頭を上流側に向けることができる
風と流れが同じ向きの場合
ラインスラックは非常に大きい
デッドスローでも派手にアクションするルアー
流れ
風
ルアーが流れに対して真横を向いた瞬間、リップに水流を受けアクションする

ラインへの影響を最小限に抑えるには、細いラインを使うことだ。その場所でヒットした魚が必ず釣れると思う限界内で可能なかぎりの細イトを使えば、風や流れの影響を軽減できるはず。風や流れがラインに及ぼす影響をマイナスととらえずに、味方に付けてプラスにすることで、頼もしい存在になる。風や流れを利用するには、たとえば下流から上流に向けて強い風が吹いていた場合、ロッドを立ててラインスラックを上流側に作るとストレートキャストの時よりルアーの頭を上流に向けた状態を長く維持することができる。

この風や流れを利用したメソッドは磯のグレ釣りで「張り」と呼ばれるミチイトのテンションで軽いフカセ仕掛けをなじませるテクニックやアユ友釣りの「オバセ」にも通じる。

逆に上流から下流向きの風で流れと同じ方向の場合は、下流側にラインスラックが大きくできるのでルアーも下に頭を向けて流されるのが早い。この場合はデッドスローでよくアクションするルアーを使って水面を下流に向かって扇状に泳がせれば、横向きに方向転換した瞬間にリップに水流を受けルアーが激しくヒラを打つ。これがリアクションバイトを誘うのだ。

流れが弱い時はルアーで流れをつかみやすくするためにリーダーを太くすることもある。逆に流れが強烈な場合はリーダーを細くすると流れのなかを通しやすくなる。僕のリバーゲームのメインリーダーは20 lbだが、条件次第で16～25 lbま

Q. ライン同様、リーダーの太さで流れの影響を回避することは可能か？

A. リーダーを細くすれば水中での抵抗が減りルアーを沈めやすくなる。逆に太くすれば浅いレンジをキープでき、動きすぎるルアーアクションを抑えられる

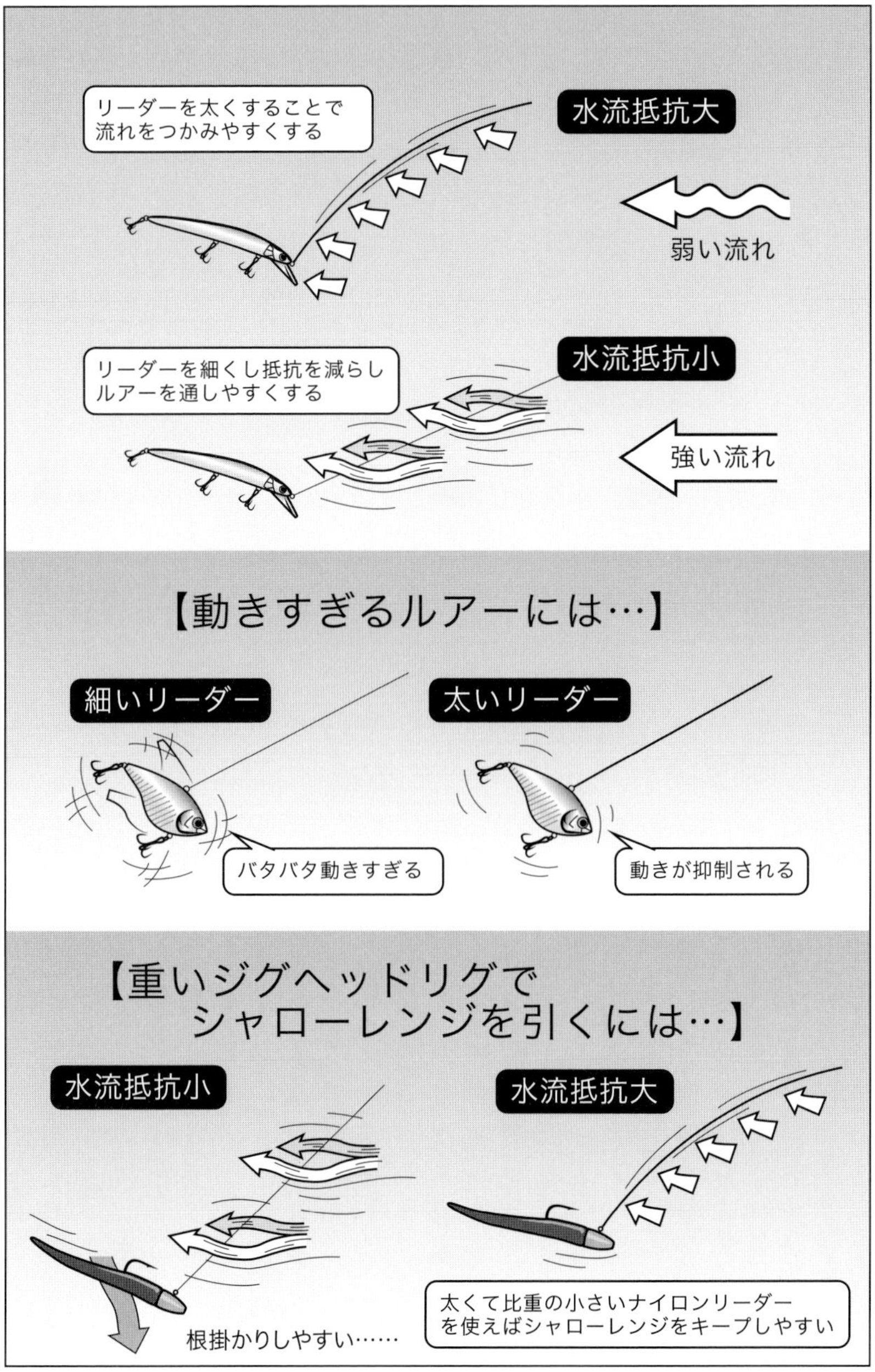

でを使い分けている。流れの強弱にかかわらずリーダーの太さを変えることでルアーの動きも変化する。それまで口を使わなかったシーバスが反応することもあるので試してみてほしい。

たとえばバタバタ動きすぎるルアーのアクションを抑制するために太いリーダーを使う、あるいは重いジグヘッドリグでシャローレンジを引きたいのでリーダーを太めのナイロンに替えるなど。またその抵抗で重いジグヘッドを浮き上がらせる方法もある。当然、ボトム付近を小さいルアーで探りたい場合はリーダーを細くして抵抗を減らせば潜りやすくなる。その時の自然状況とアプローチした方法をマッチングさせることで、その日のヒットパターンを見つけやすくしてくれる。

テクニック ⑤ 王道ミノーの使い方

ミノーはタダ巻き基本に
緩急の差や継続状態の変化で攻略

リトリーブコースが限定されず、さまざまな使い方ができるミノー。
フックアップ率が高いタダ巻きアクションの継続状態を基本に、
時折変化を付け百戦錬磨のモンスターに挑む！

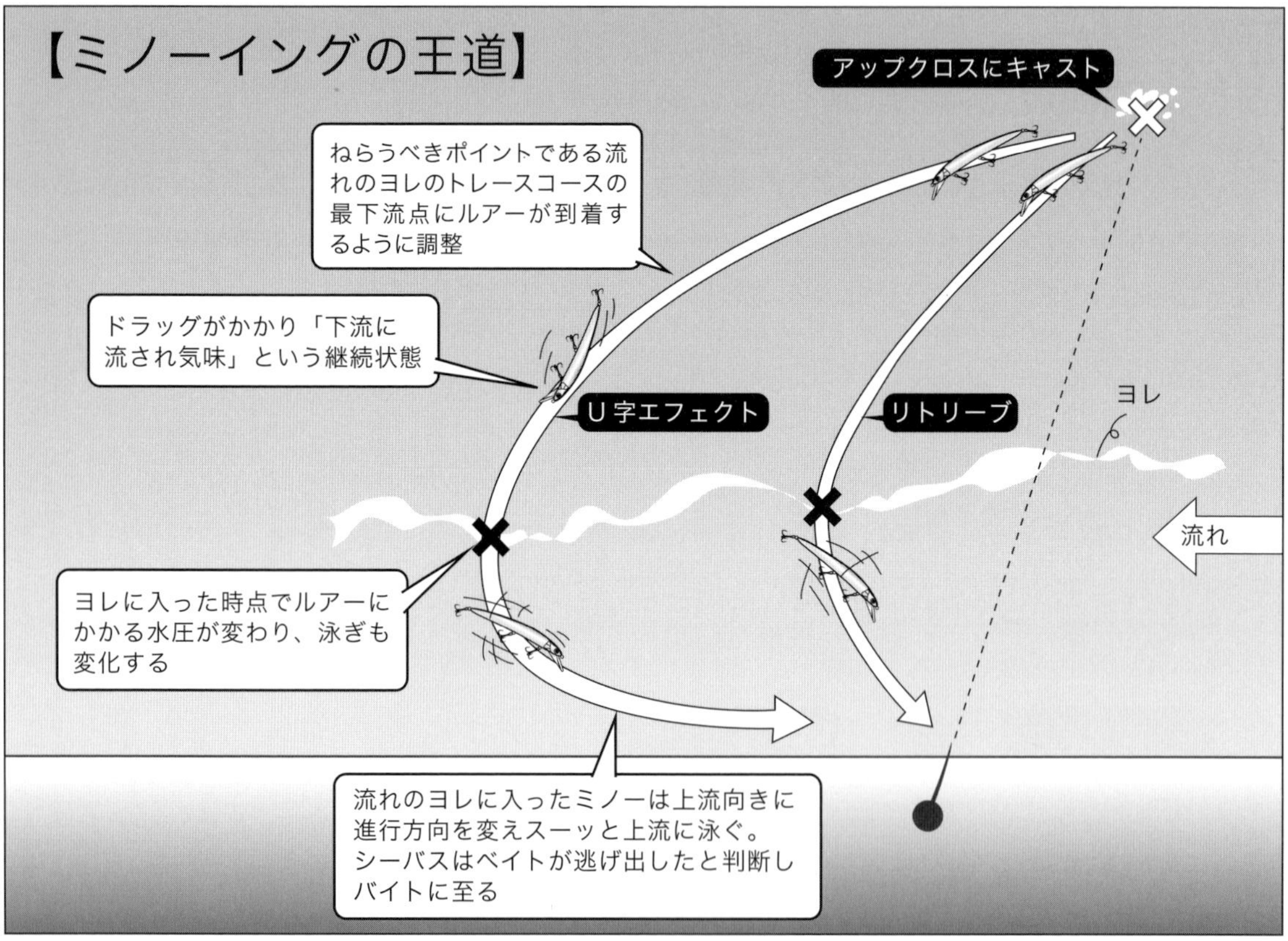

【ミノーイングの王道】
アップクロスにキャスト
ねらうべきポイントである流れのヨレのトレースコースの最下流点にルアーが到着するように調整
ドラッグがかかり「下流に流され気味」という継続状態
U字エフェクト
リトリーブ
ヨレ
流れ
ヨレに入った時点でルアーにかかる水圧が変わり、泳ぎも変化する
流れのヨレに入ったミノーは上流向きに進行方向を変えスーッと上流に泳ぐ。シーバスはベイトが逃げ出したと判断しバイトに至る

アップストリームに投げてナチュラルドリフトで流す釣り、クロスに投げて下流にドリフトさせ上流向きに方向転換させて食わせる釣り、ダウンで流して逆引きする釣りなど、さまざまな使い方ができるのがミノー。リバーシーバスでは最も使用頻度の高いルアーだ。リトリーブコースが限定されないのが最大の利点である。これが「シーバスルアーといえばミノー」と言われるゆえんだ。

そんなミノーで最も食わせやすい王道的な使い方が、ややアップ気味にキャストし、流れを横切らせながら食わせたいポイントの流れのヨレに到達させるオーソドックスな方法。実際には流速によってタダ巻きであったり、ラインスラックを取るだけのU字エフェクトであったりするのだが、重要なのはトレースコース最下流にあたる地点でヨレに到達させること。

それまで下流に流され気味だったミノーがヨレに入ったところで急にスーッと上流に泳ぐと、シーバスは危険を察知したベイトが逃げ出したと判断して突然襲いかかる。僕はこれを「継続状態の変化」と呼んでいるが、ルアーの進行方向だけでなくタダ引き中の急なダートアクションもそうだし、ダートしていたルアーが急にシュルシュルっとストレートに泳ぐ場合も同様。この継続状態の変化を作りやすいのがミノーの特徴でもあるのだ。

大型シーバスを食わせて掛けて確実に釣るには3フックシステムが一番であることは先にも書いたが、そのミノーの特徴を最大限に生かし、きっちりシーバスの口の中に吸い込ませ、がっちりフックアップ

Q. ミノーで最も食わせやすいメソッドは？

A. リトリーブでもドリフトでもトレースコースの最下流でヨレに到達させるのが王道

突然ヒラを打つミノーに、いきなり進行方向を変えたルアーに、シーバスはたまらず口を使う。これがミノーイング最大のコツ

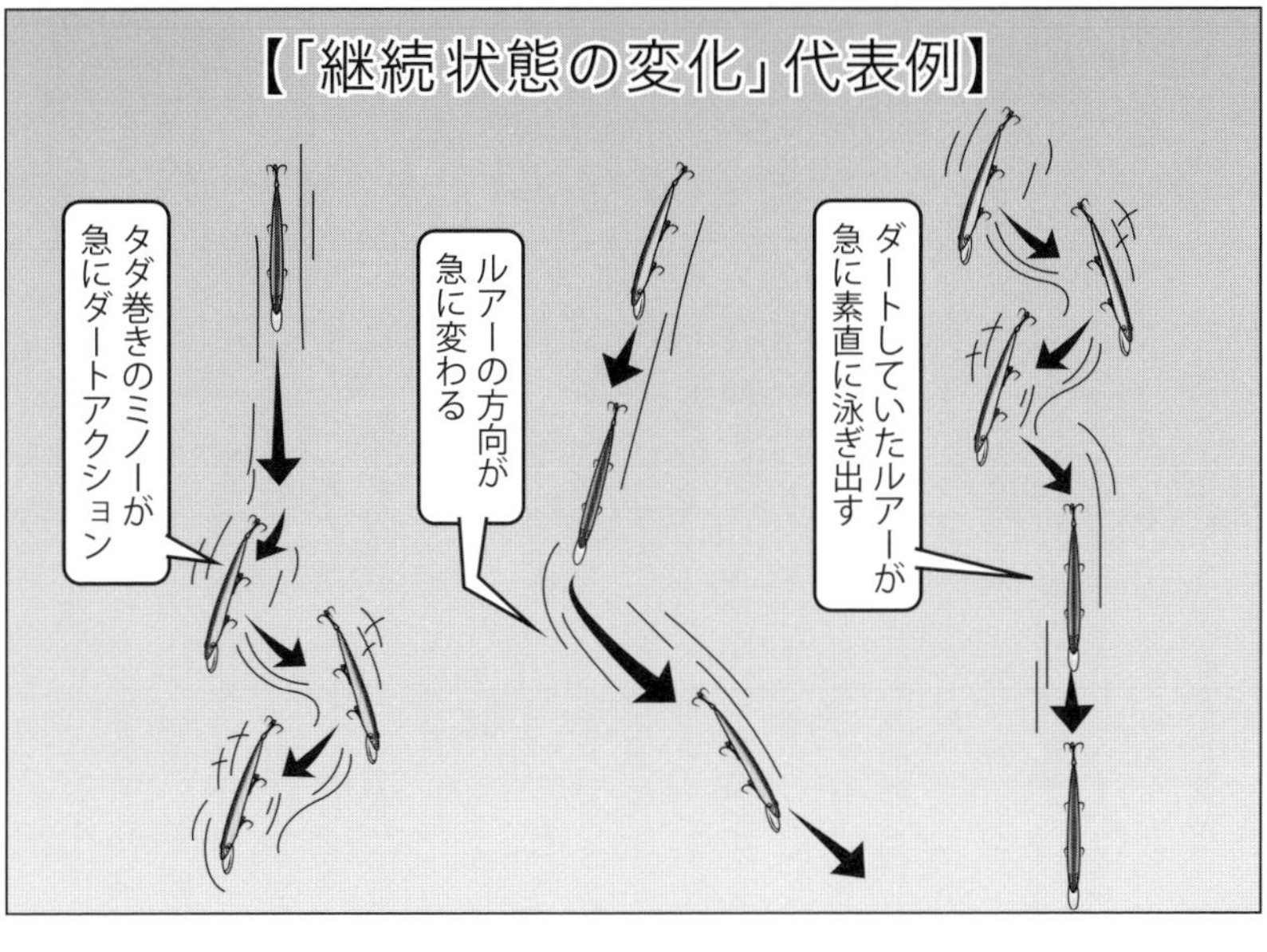
【「継続状態の変化」代表例】
タダ巻きのミノーが急にダートアクション
ルアーの方向が急に変わる
ダートしていたルアーが急に素直に泳ぎ出す

させるにはタダ巻きが一番なのだ。左右のダートやイレギュラーに動くルアーより、素直に泳ぐルアーのほうがシーバスの捕食成功率が高いのは自明の理。

しかし百戦錬磨、数々の修羅場をくぐり抜けてきたモンスタークラスをそれだけで食わせることは実際難しい。ではどうするか？ そう！ それを可能にするのが継続状態の変化なのだ。

テクニック ⑥ シンキングペンシルの使い方

ロッド角度の上下流チェンジでバイト激増！明暗部チラリズム

ナイトゲームのベストポイントである明暗部境目を
シンキングペンシルでタイトにトレースさせるのは、リトリーブ中のロッド角度チェンジ。
より緻密に行なえばバイトチャンスはさらに増大する

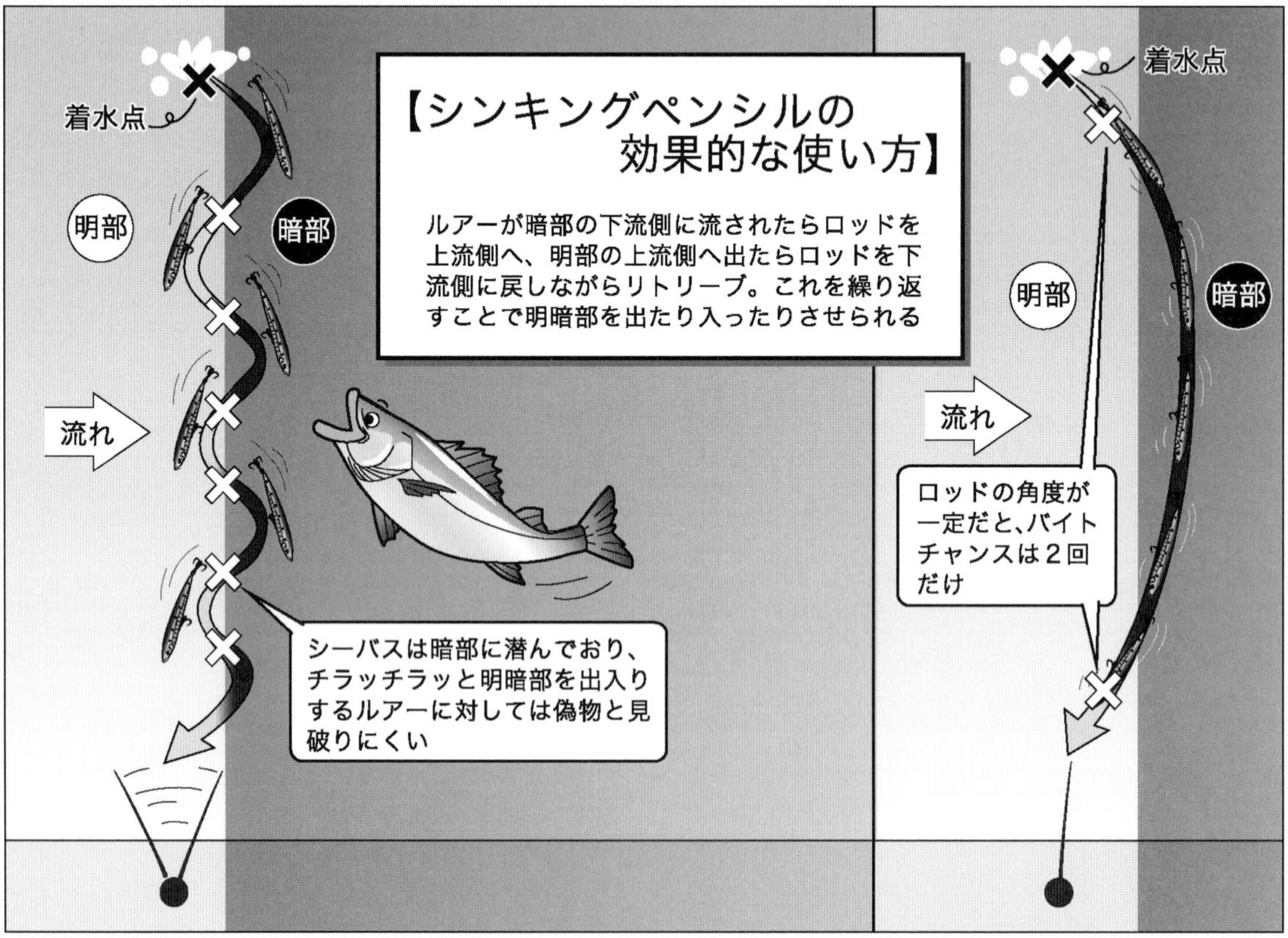

ルアー紹介の項でも書いたがシンキングペンシル最大の活躍場が、ナイトゲームで街灯に照らされた川面の明暗の境目。速い流れでは使いにくいが、ゆったりとした流れでの利点は多い。

橋上の街灯に照らされた明暗部の境目にシンペンを打ち引いてくるわけだが、最初、着水点方向もしくは下流側に向けていたロッドを徐々に上流側にシフトしていき、ライン角度も上流側に変えることで、下流に流されようとするシンペンのトレースコースを、ほぼ真っ直ぐに修正することが可能。実際の動きは完全に直線にはならず、小さく曲がりくねって明暗部を出たり入ったりする感じになる。シンペンでもミノーでもロッドとライン角度を一定にしたままリトリーブすると、引き始めと引き終わり前の2回しか明暗部にコンタクトできないが、何回も明暗部を通過させることでバイトチャンスが何十倍にも膨れあがるのだ。

暗部に潜んでベイトをねらっているシーバスに対し明暗部を出たり入ったりするルアーのアピール力が抜群であるだけでなく、シーバスはチラチラッと見え隠れするルアーを、なかなか偽物と見破りにくく、辛抱できずに食いついてしまうという寸法だ。

実は流れが緩いシチュエーションならミノーでもバイブレーションでも、同様の引き方は可能だ。しかし、これらルアーのなかでリップがないため最もシーバスの口に吸い込まれやすく、軽いボディーで最もフックが外れにくい特性を考えると、この場合はシンペンを使うのが最

Q. シンペンの基本アクションはタダ巻きでよいのか？

A. 基本はタダ巻き。ここぞというポイントでフリーフォールさせるのも効果的

写真左側が上流。明暗部境目の上流側に立ち、下流（暗部）に流され気味になるシンペンを上流側（明部）へ引き戻す。この作業を繰り返しながらリトリーブ

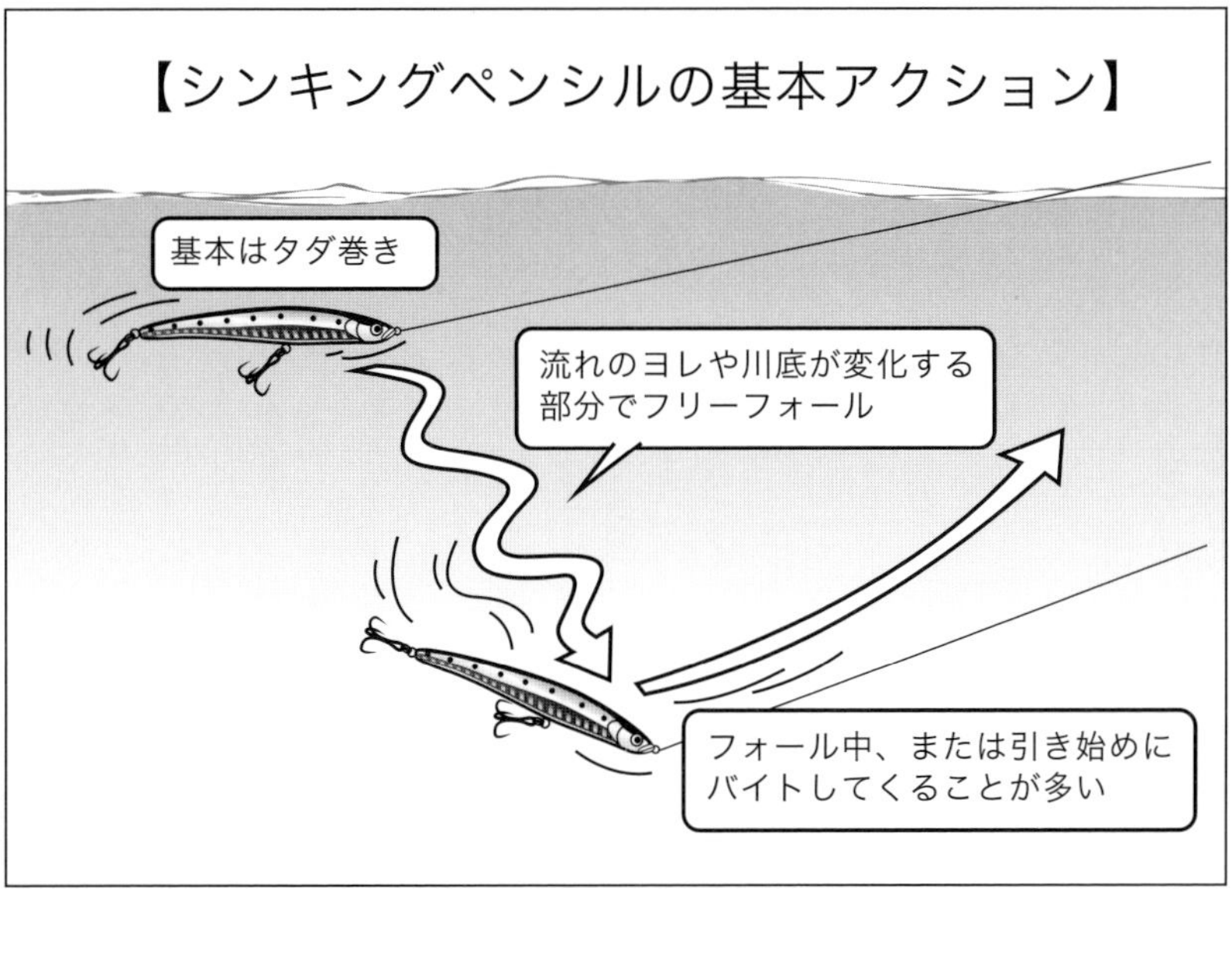

【シンキングペンシルの基本アクション】
基本はタダ巻き
流れのヨレや川底が変化する部分でフリーフォール
フォール中、または引き始めにバイトしてくることが多い

上ということになるのだ。

基本アクションはタダ巻きのストレートだが明暗部をトレースする途中、橋脚のあたりで流れのヨレができている部分、川底の変化がある地点などで、瞬間的にテンションを抜いてフォールさせるのが有効。フォール中またはフォール後の引き始めにガツンとバイトしてくることが多い。

テクニック ⑦ バイブレーションプラグの使い方

モアディープ！ モアロング！ ぶっ飛びサブマリン

**本体そのものに重量がありボディー全体で水流を受けるバイブレーションは
最高のディープレンジキーパーであり
アングラーの射程をスーパーワイドにする長距離砲弾。深場や急流もこわくない！**

【バイブレーションはこう使う】

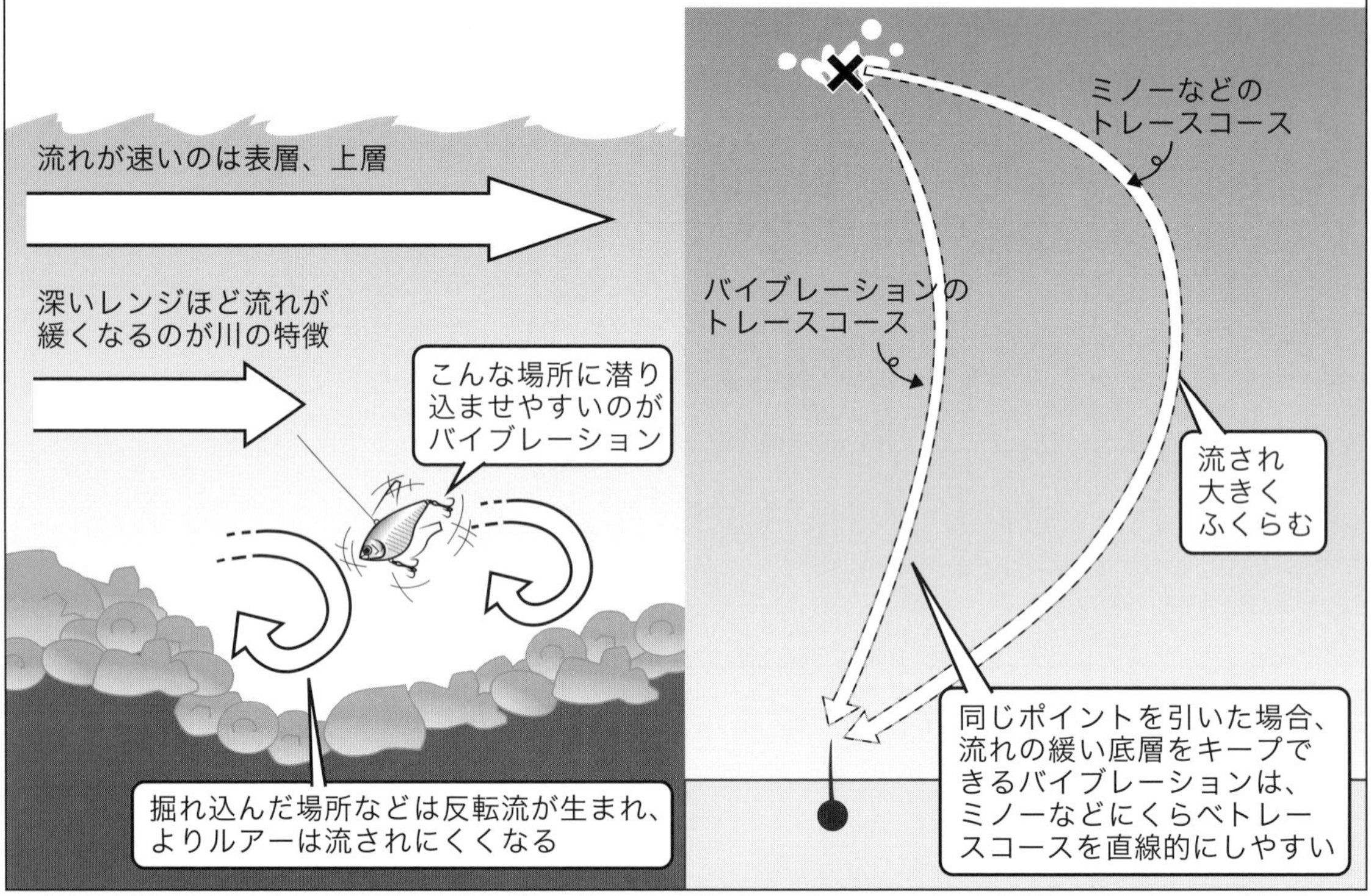
流れが速いのは表層、上層
深いレンジほど流れが緩くなるのが川の特徴
こんな場所に潜り込ませやすいのがバイブレーション
掘れ込んだ場所などは反転流が生まれ、よりルアーは流されにくくなる
ミノーなどのトレースコース
バイブレーションのトレースコース
流され大きくふくらむ
同じポイントを引いた場合、流れの緩い底層をキープできるバイブレーションは、ミノーなどにくらべトレースコースを直線的にしやすい

速く引いても浮き上がりにくく、速く引くことで激しくアクションするバイブレーション、メタルバイブレーションは、深場や流れの速い所を強引に通過させることができるルアーだ。

たとえば強烈な瀬があって急にドスンと掘れ込んでいるようなポイント。上っ面は流れが急だが底層はそれほどでもないのだ。その速い流れの下の緩い部分を引きたい時にミノーやシンペンだと底層に到達する前に流されてしまうし、ディーププラグでも一旦はグッと入っていくが、ボディーが軽いためにレンジキープが困難になる。

その点、バイブレーションはボディー自体が重くボディー全体で水流を受け、抵抗が大きいことから深く沈み込ませ、レンジキープさせたまま通してくることができる。同じ力で引いた場合、流れの下流側に大きく湾曲するミノーに対し、バイブレーションはより直線的なトレースコースになる。

コンパクトで重いボディーなのでロングキャストが可能、広範囲を探れるのも強みだ。ほかのルアーでは届かないようなポイントでも立つ位置を変えずに釣ることができる。無風状態なら『TDソルトバイブ』で約60m、メタルバイブの『リアルスティール26』なら70〜80mの超遠投が可能だ。

アクションはタダ巻きとフォールの組み合わせ。早巻きでバタバタバタと振動するのがバイブレーションプラグの特徴だが、そのリアクションでシーバスが食い付いてくるだけでなく、意外と多

Q. バイブレーションのアクションはタダ巻きだけでOK？

A. 着底直後のリフトやリーリング途中のフォールが意外に効果あり！

増水気味で押しが強く流れの速いポイントでも、ほとんどの場合、底層は表層よりも流れが緩くなっている。その底層に潜り込ませレンジキープして引けるのがバイブレーション。ほかのルアーでは届きにくい対岸寄りのポイントまで遠投できるのも強みだ。深く立ち込めない増水時はなおさらである

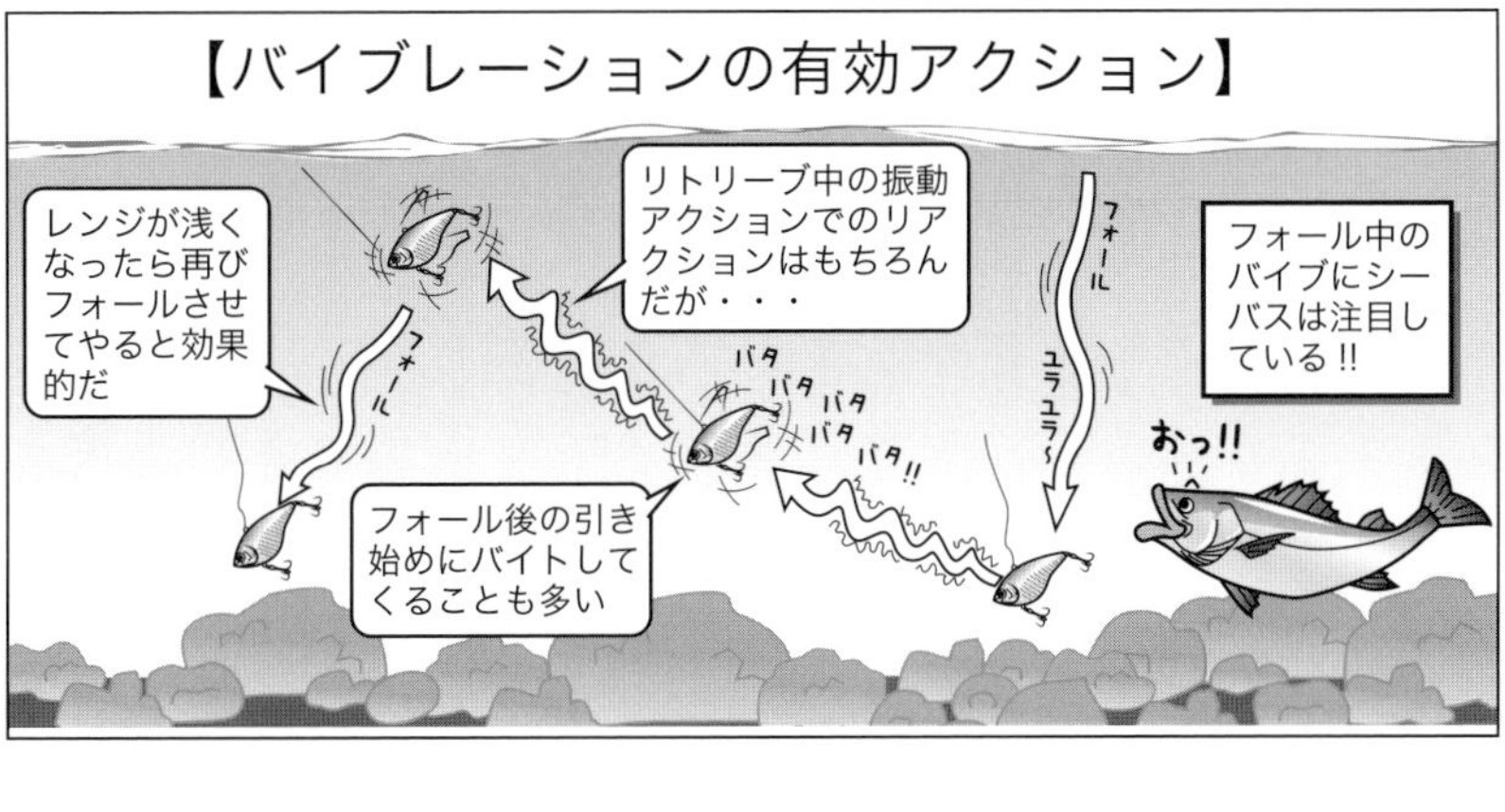
【バイブレーションの有効アクション】
レンジが浅くなったら再びフォールさせてやると効果的だ
フォール
リトリーブ中の振動アクションでのリアクションはもちろんだが・・・
バタ バタ バタ バタ バタ!!
フォール後の引き始めにバイトしてくることも多い
フォール
ユラユラ〜
フォール中のバイブにシーバスは注目している!!
おっ!!

いのがキャストして一旦ボトムを取ってから巻き始めた時にバイトするパターンだ。おそらくシーバスはルアーがユラユラとフォールする姿に、すでに注目しているからだろう。それを考えるとリトリーブ中にレンジが浅くなってきた時点で、リーリングをストップし意図的にフォールさせ、リフトアップさせることも有効だと思う。

テクニック ⑧ ワーム（ジグヘッドリグ）の使い方

ワーム攻略専用ロッド以外は ロッドティップとライン角度に注意

ワームのジグヘッドリグはいざという場面での使用が多い。急遽、ハードルアー用ロッドでのワーミングとなった場合は、ティップとライン角度、ロッドの握り方でバイト弾きを軽減する

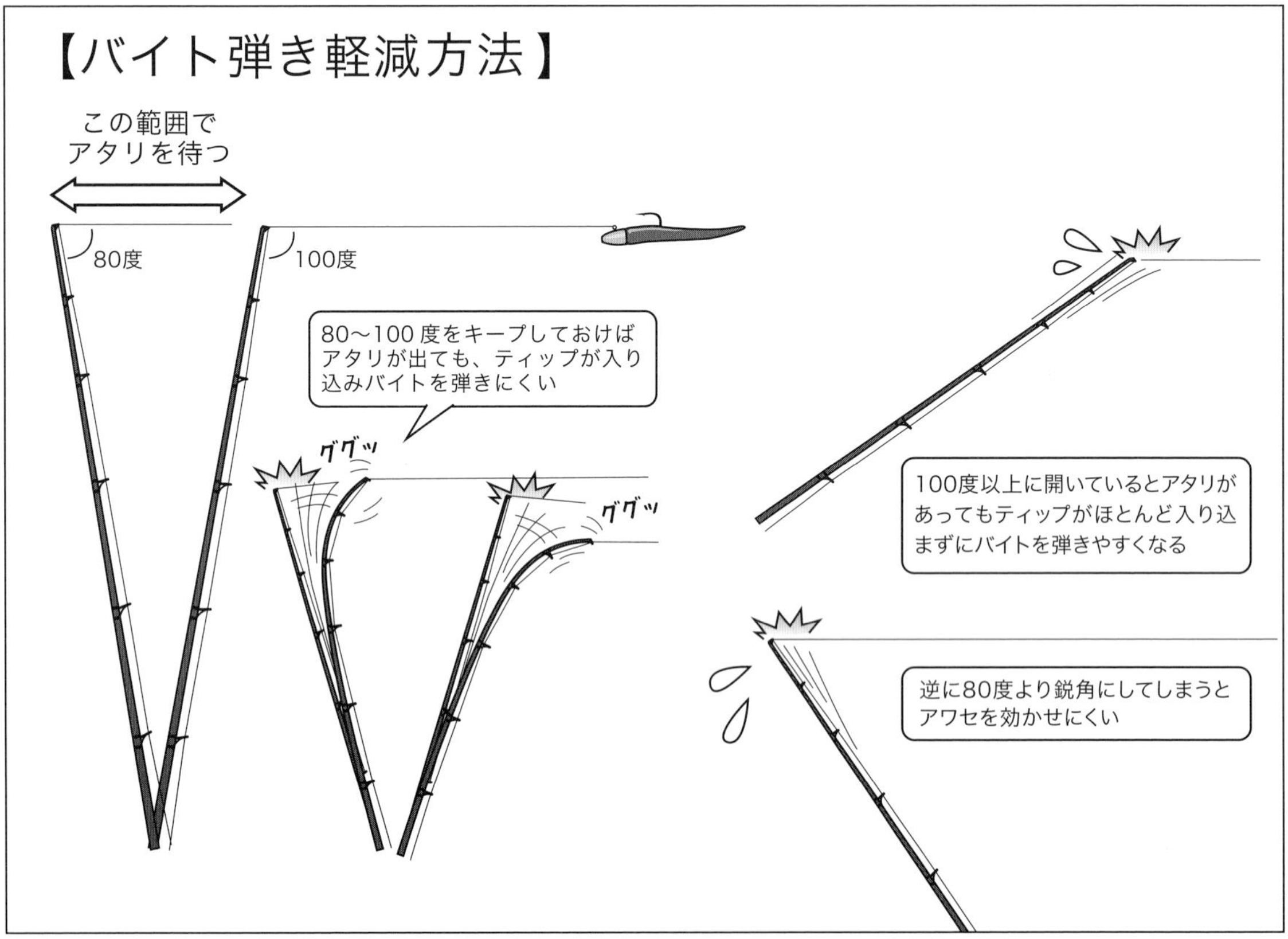

ハリ外れしやすいワーム、すなわちジグヘッドリグをあえて使うのは、他のルアーではどうしてもシーバスが口を使わない時限定だ。そんな食いが渋い条件なので、食い込みがよいように、ロッドもできるだけ柔軟なソリッドティップモデルを使いたいところだが、バスボートのように何本もロッドを現場に持ち込めないリバーシーバスでは、ほかのルアーが併用できるロッドを使いティップとラインの角度、ロッドの握り方で対処する以外にない。

リトリーブ時などアタリを待つ間、ティップとラインの角度を80～100度にキープすること。これはロッドを立てている場合、寝かせている場合も同様だ。それ以上に開いた状態、ラインからティップが直線に近くなるほどアタリがあった場合にティップが入り込まずバイトを弾きやすくしてしまう。逆に80度より鋭角にするとアワセを効かせにくい。

ロッドはハードプラグ使用時より、やんわり、ゆとりを持って握りロッドエンドも肘にピタッと当てず浮かせ気味にしてアソビを作っておく。こうすることで、いきなりアタリが出た場合でも、アソビがその衝撃を吸収してくれるのでバイト弾きを軽減してくれるのだ。

ジグヘッドは重いほどフッキング後にシーバスが頭を振ると遠心力が強く働きフックが外れやすくなるので、できるだけ軽いジグヘッドがよい。ただ軽いジグヘッドは飛距離も出ないし深いレンジも探れないので、まず食わせることを考えると、ある程度は重いジグヘッドを使わ

Q. ワインドも有効と思われるが？

A. デイゲームでは有効だと思うが、ワインド向きの水深のあるところでは主にバイブレーションを使っている

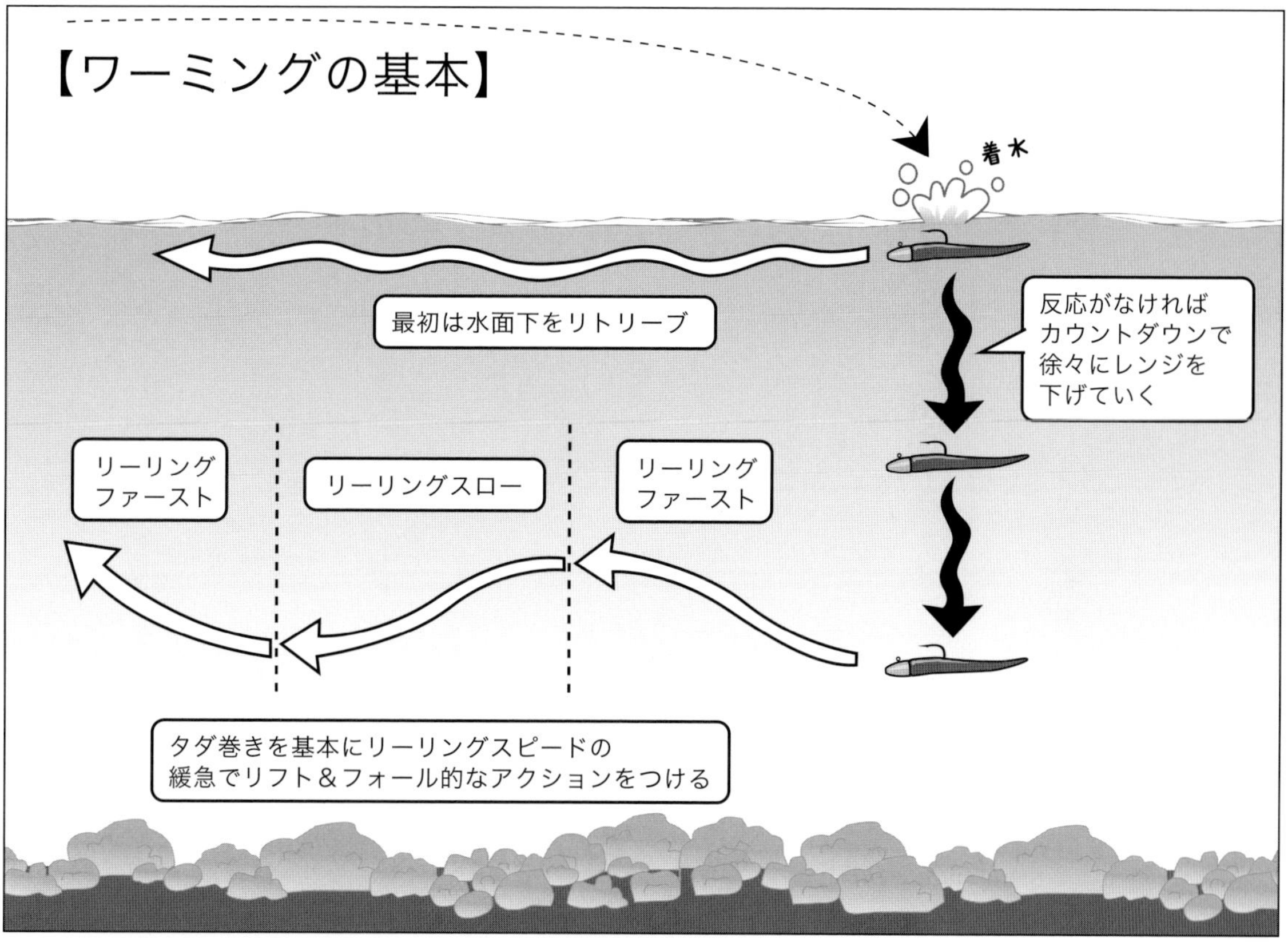

【ワーミングの基本】
着水
最初は水面下をリトリーブ
反応がなければ
カウントダウンで
徐々にレンジを
下げていく
リーリング
ファースト
リーリングスロー
リーリング
ファースト
タダ巻きを基本にリーリングスピードの
緩急でリフト＆フォール的なアクションをつける

ジグヘッドは流れの速さやレンジ、ポイントまでの距離など状況ごとに許される範囲で最軽量のものを使うのが基本

ざるを得ない。ただ、やみくもに重いジグヘッドを選ぶのではなく、食わせる位置、ねらうレンジを明確にイメージし、その範囲内でできるだけ軽いジグヘッドを選ぶ必要がある。

ジグヘッドリグの基本はタダ巻き。まずは着水と同時に巻き始め水面直下をリトリーブ。それで反応がなければ、徐々にレンジを下げていく。最近主流になりつつあるI字系ワームならアクションはリトリーブスピードの緩急を付けたリフト&フォールが効果的だ。早めに巻くとワームは徐々に浮き上がるが途中でリーリング速度を落とすことで、再びレンジが下がっていく。

フリーフォールさせるならシャッドテールワームが向いている。デイならワインドも効果的だが、ワインドができる水深があるところではバイブレーションで釣る。基本的に本当に食い渋る時以外、ワームは使わないので、僕にとっては最後の引き出しといってもいい。

テクニック ⑨ トップウォータープラグの使い方

ダイビング&ドッグウォーク 高速トゥイッチ2パターン

**トップウォータープラグ、ペンシルベイトの使用法は
捕食本能を刺激するかリアクションで食わせるかに分かれる。
いずれにしても見破られにくい波立つ水面での使用がグッドだ**

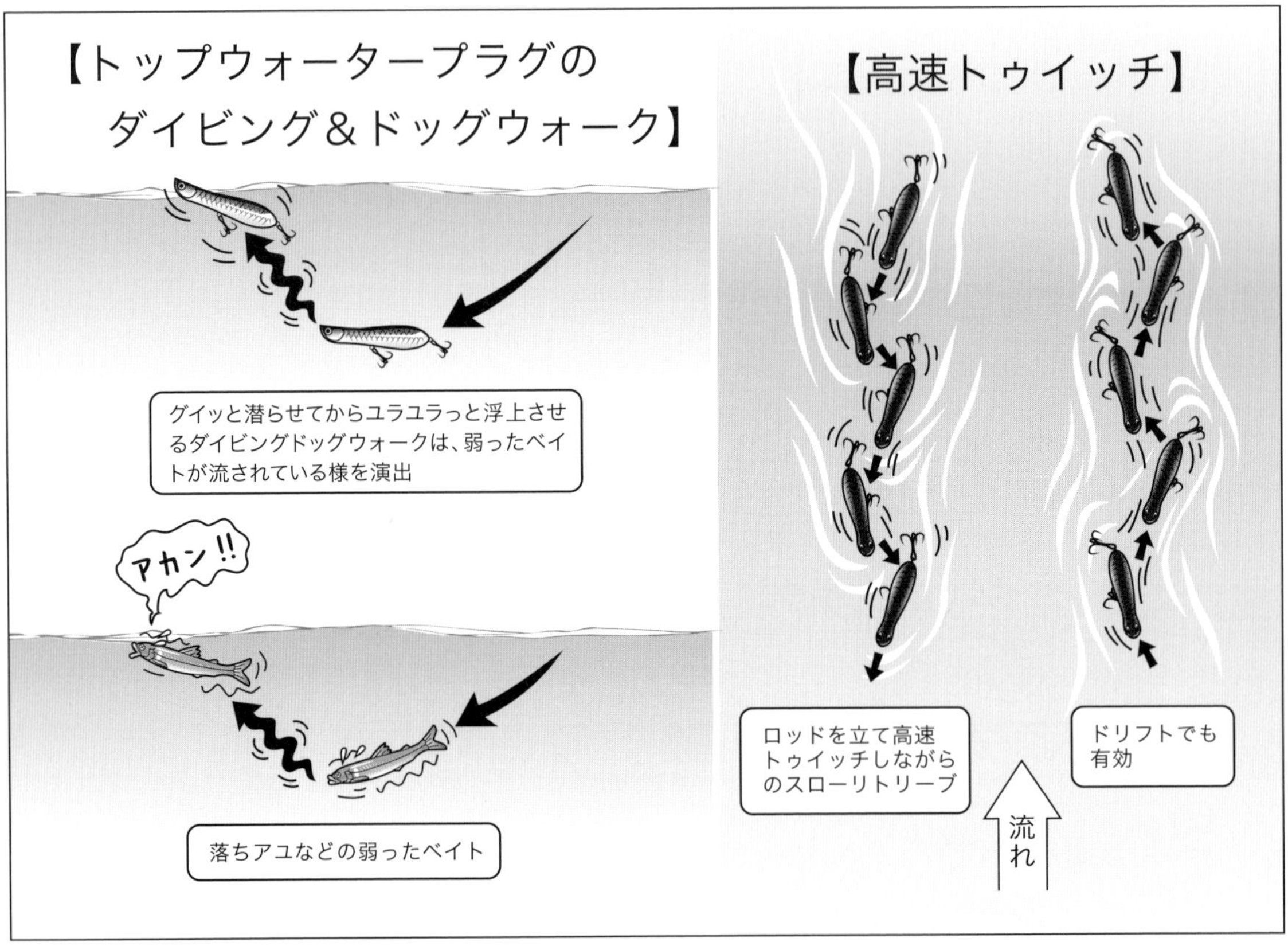
【トップウォータープラグの
ダイビング&ドッグウォーク】
グイッと潜らせてからユラユラっと浮上させるダイビングドッグウォークは、弱ったベイトが流されている様を演出
アカン!!
落ちアユなどの弱ったベイト
【高速トゥイッチ】
ロッドを立て高速トゥイッチしながらのスローリトリーブ
ドリフトでも有効
流れ

トップウォーターペンシルにはいろいろな使い方があるが、僕のなかで基本となるのがダイビング&ドッグウォークと高速トゥイッチの2パターンだ。

ダイビング&ドッグウォークというのは着水と同時にロッドを下向きにあおりグイッと潜らせたルアーがユラユラッと浮上しながらのドッグウォーク。これをスローなテンポで繰り返す釣り。シーバスにルアーをしっかり見せることで捕食本能を刺激しバイトに持ち込む。弱ったベイトが深く潜りたいが、流れに浮かされ潜れない状態を演出しているのだ。リトリーブ、ドリフトの両方で使える。リトリーブはシャクって潜らせた分だけラインスラックを取る動作だけなので非常に楽だ。

高速トゥイッチは移動距離が短いショートピッチのドッグウォーク。水面でピチャピチャピチャというアクションを高速で連続的に繰り返す。水面で絶えず引き波を作ることでシーバスに見破られにくくし、リアクションバイトを誘発するのだ。基本はロッドを立て高速トゥイッチしながらのスローリトリーブだが、リールを巻かずドリフトでも使えるテクニックだ。

この2つの使い分けは、まず捕食本能で食わせるダイビング&ドッグウォークから始める。これで出ない場合にリアクションで食わせる高速トゥイッチにシフト。とにかく大型を確実にゲットすることが目標なので、捕食本能でルアーを吸い込ませガッチリ食わせることを優先し、リアクションでショートバイトが多

Q. トップウォーターペンシルの活用法は？

A. 高速トゥイッチでティーザー的な使い方が可能。ペンシルでシーバスの活性を上げておいてほかのルアーで食わせるのも面白い

落ちアユシーズン、表層を流されるアユをイメージして捕食本能を刺激するダイビングドッグ&ウォーク、もしくはリアクションで食わせる高速トゥイッチで攻略。高速トゥイッチはシーバスの活性アップを促すために使う場合もある

くなる高速トゥイッチはあと回しにする。高速トゥイッチでは、あえて食わせずにシーバスの活性を上げるためだけに使う手もある。

テクニック ⑩ ビッグベイトの使い方

ビッグベイトは究極のドリフトルアー!?

バスフィッシングでビッグベイトを通すとバスが興奮するように、シーバスもその例にもれず。シーバス用ジョイクロがデビュー間もない現段階ではU字エフェクトがベターというのが山本典史の考えだ

【ビッグベイトの釣りで U字エフェクトがベターと考えるワケ】

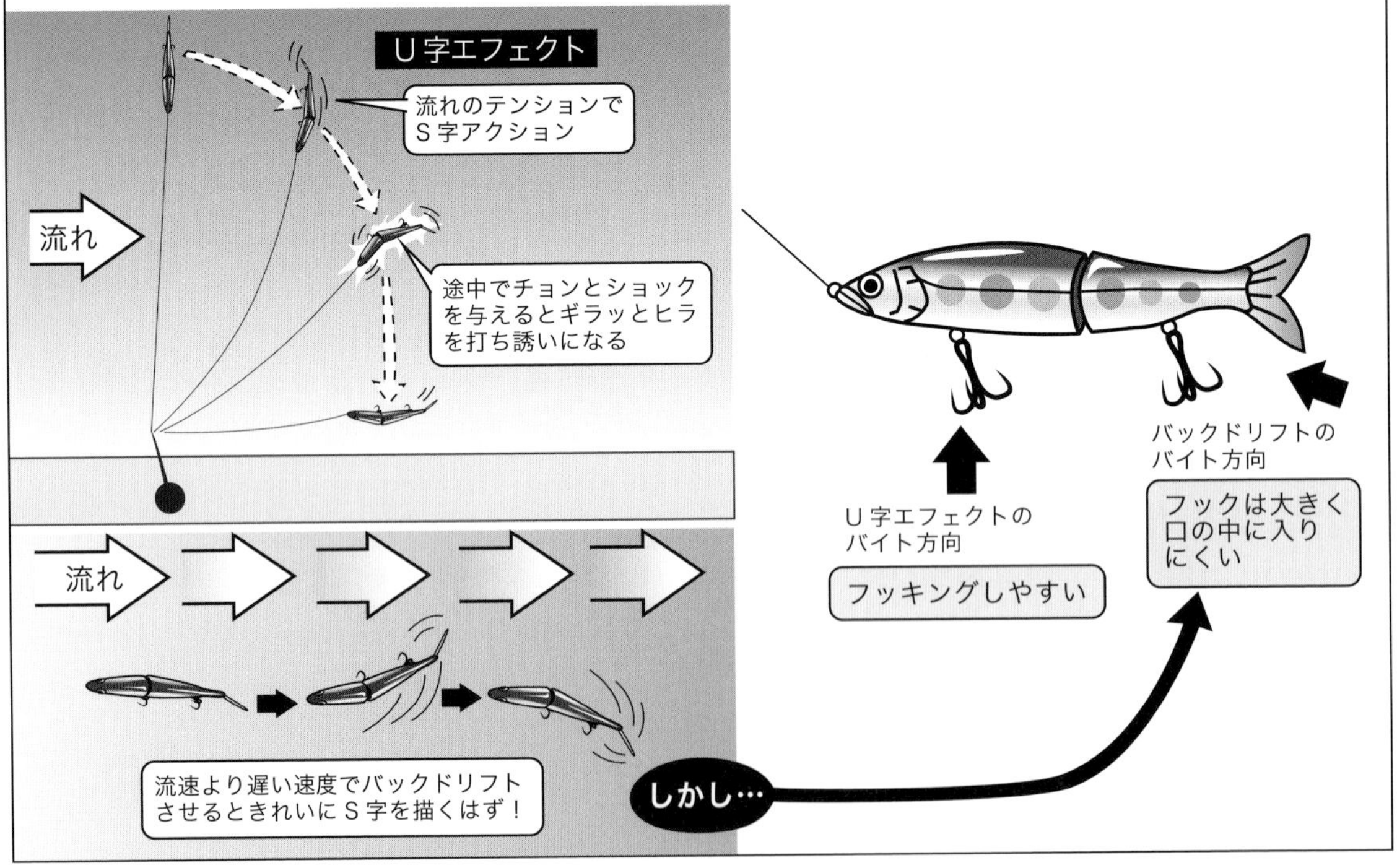

水面を漂わせるようにU字エフェクトでドリフトさせていくと、何もしなくてもラインに流れの抵抗を受けるだけでS字アクションするのがビッグベイト『鮎邪ジョインテッドクロー』の特徴。時折、チョンとショックを与えてやるとギラッと腹を返すようにヒラを打って潜り、これが抜群の誘いとなる。このドリフトと誘いの動作を繰り返すのがビッグベイトの基本的な釣り方だ。

僕自身、バックドリフトを使うシチュエーションにほとんど出くわしていない、というかほとんど試していないので推測の域を出ないのだが、ビッグベイトは非常にバックドリフトさせやすいルアーであり、その効果が高いと思う。個人的にバックドリフトのために存在するルアーだといっても過言ではないほどだ。

ビッグベイトはその名のとおりボディーサイズが大きく、必然的にフックも大きくなり前後に2つ付く。そのため後方から吸い込ませるのではなく、横から食わせるほうが掛かりはよいはずだ。それを考えるとバックドリフトだと流れてくるルアーをシーバスは後方から食う形になるため掛かりにくいのでは？という心配もある。それがバックドリフトでの使用にあまり積極的ではない理由。いまのところU字エフェクトのほうが安全と感じている次第だ。

『鮎邪ジョインテッドクロー』にはフローティングとシンキングの2タイプあるが、使い分けはねらうレンジによって替えるのがよいと思う。通常の浅場ではフローティングで充分、チャラ瀬ではシン

Q. シーバス用ジョイクロのカラー使い分けは？

A. 水が澄んでいる時、デイゲームはコノシロなどナチュラルカラー、水が濁り気味の時、ナイトゲームはチャートなどアピールカラー

ビッグベイトの元祖であるバス用ジョイクロ。わずかな流れを受けるだけで綺麗なＳ字を描く。アユ好きのシーバスが放っておくわけがない

キングでボトムを転がるように流して落ちアユをイミテートすることも可能だ。ただしハリ先を若干内向きにして根掛かりしにくくしておくこと。

カラーにはアピール系とナチュラル系があるが、ビッグベイトはシーバスにしっかり見せるルアーだと思うので両極を使い分ければよい。ディや水が澄んでいる場合は魚っぽいシルエットと動きを見せるためにナチュラル系、ナイトや水が濁っている場合に、より発見してもらいやすくするためにアピール系という選択だ。

ミノー、シンペンなどで反応がなくビッグベイトをティーザーとして使用する場合は2回通せばOK。最初は自然に流し2回目は速めのリトリーブで激しくS字アクションさせる。その直後に再びミノーでフォローするスタイルだが、あくまでミノーやシンペンがメインであることに変わりない。

2014年8月23日、日高川下流の平瀬でビッグベイトを試す。Ｕ字エフェクトで独特のＳ字カーブを描かせる

テクニック ⑪ フッキング＆ファイト

アタリ即アワセ＋追いアワセ！大魚ほどエラ洗いで消耗させる

**さぁ待望のアタリ。バラさず取り込む方法は？
前提となるのはきっちりフッキングさせること。
それなくしてアングラー側が主導権を得た有利なやり取りはできないのだ**

アタリが手もとに伝わったら即アワセ。そしてすかさず追いアワセ。ハリ先しか掛かっていない場合、やり取りの途中でフックが外れるリスクが大だからだ。魚を暴れさせてからバレると他の魚に与える影響も大きいのだ

ボディーもフックも大きくてシーバスの口に入りにくく、あわてて合わせると失敗するビッグベイトは特例として、他のルアーはみなアタリを感じた瞬間の即アワセでよいと思っている。シーバスがルアーにバイトして反転するまで、ある程度のスラックがアタリ伝達をさまたげタイムラグを生むので、アングラーがアタリを察知した時にはすでにシーバスがルアーをくわえ込んでいる状態なのだ。

ただハリ先だけ掛かっている状態や、シーバスの口の中でも硬い部分にハリが乗っているだけでガッチリ刺さり込んでいない場合は問題だ。そんな状態を回避するために、常にグイッと追いアワセを入れ、ハリ先をバーブまできっちり深く入れる必要がある。そのためには追いアワセを入れること。これでハリ先を軟らかい所まで滑らせて刺さってくれ。アタリを察知した瞬間のアワセは素早く手首を返すだけにとどめたい。追いアワセは力を込めて連続2回、しっかり行なうのが基本だ。

グンと掛かってからバンバン！ と追いアワセした瞬間にフワッとフックアウトすることがあるがこれは気にしないように。この段階でフックが外れるようでは、やり取りの途中で必ずバレるからだ。それなら早い段階で外れてくれたほうがその後の影響が少ない。しばらく暴れさせてからのバラシはほかの魚に対しての影響が計り知れないからだ。

ファイトはきっちりフッキングしていることを前提に行なう。エラ洗いさせたほうが魚は疲れるので、大型魚になるほ

Q. エラ洗いさせないロッド操作は？

A. ロッドを寝かして引きをいなす。大きく太軸で伸びにくいフック使用時はあえてエラ洗いさせて体力を消耗させ、取り込みをスムーズにする

リバーゲームには橋桁など、シーバスを取り込むまでに障害となるストラクチャーも多い。場合によっては立つ位置を変え自分有利に持っていく。ただし問題がなければ、その場で動かずフィニッシュまで持ち込むのが正解だ

どエラ洗いされてもかまわないという気持ちでロッドを立てて耐えることもある。これは大型フックで伸びる心配がない場合だ。

逆に小型フックを使っている場合は、エラ洗いされるとフックが伸びることがあるのでロッドは立てず、寝かせたままやり取りしている。また速い流れの中でのファイトであれば底層の流れは比較的緩いので、ロッドを寝かせて魚を沈めて誘導する場合もある。

大型が掛かった場合は無理をせず、魚の突進をいなす感じ。やり取りでジャマになる障害物がある際は、自分の立つ位置を移動して行なう。たとえば橋脚のそばで釣っているなら、橋脚の向こう側に回られるとリスクが大きくなるので、できるだけ橋脚から離れ、ラインが橋脚に触れるリスクを小さくする。ウェーディング時も立ち込んでいる位置でリスクが高いと感じたら、流れの緩い場所に移動するなど、やり取りが有利になるように持っていくこと。ただやり取りしながらの移動はロッドとリール操作以外に気をつかうことになるので、移動の必要性を感じなければ、その場から動かずやり取りに集中したほうがよい。

やり取りに集中するあまり、移動中の足もと確認がおろそかになり想定外の深みや障害物に足を取られ転倒という事態も起こりかねないので、どうしても移動しなければならない場合は細心の注意を払ってほしい。

テクニック ⑫ レバーブレーキ活用術

やり取りだけではない
レバーブレーキの便利な使い方

近年、シーバスフィッシングにも利用者が増えてきたレバーブレーキリールだが、その使用法の基本は磯のグレ釣りと同じ。山本典史のレバーブレーキ術はまさに正統派の使用法といえる

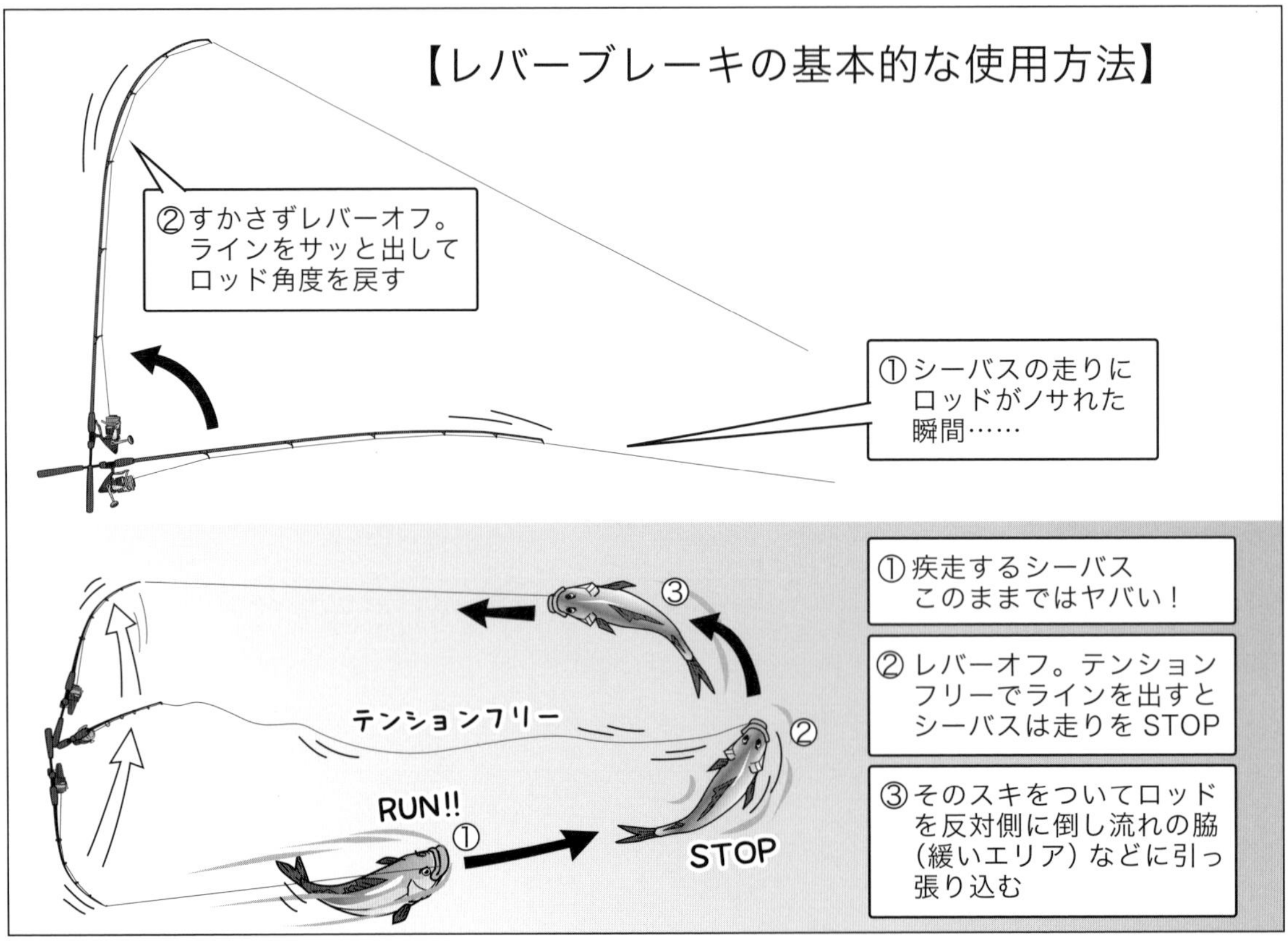

レバーブレーキはロッドのリールシート部を握る手の人差し指でオンオフの操作を行なう。初期のレバーブレーキは、とっさにローターの逆転が可能になるよう常にリールのストッパーをオフにしておかねばならなかったが、現在のレバーブレーキ・システムはレバーを握り込めばストッパーがオフ、逆に人差し指の爪側で押せばストッパーが入るようになっているので非常に便利だ。

レバーブレーキのオンオフは基本的に止めるか出すかだ。通常はレバーを握り込んだ状態でロッドの弾力を生かしてやり取りし、ロッドがノサれてラインとの角度が開いてしまった場合にサッと指を放してオフにし、ザッとラインを繰り出しながら弾力が生かせるロッド角度に瞬間的に戻すというもの。軟らかく弾力がある磯ザオを使うウキフカセ釣りのテクニックで、僕もこれを基本にしている。

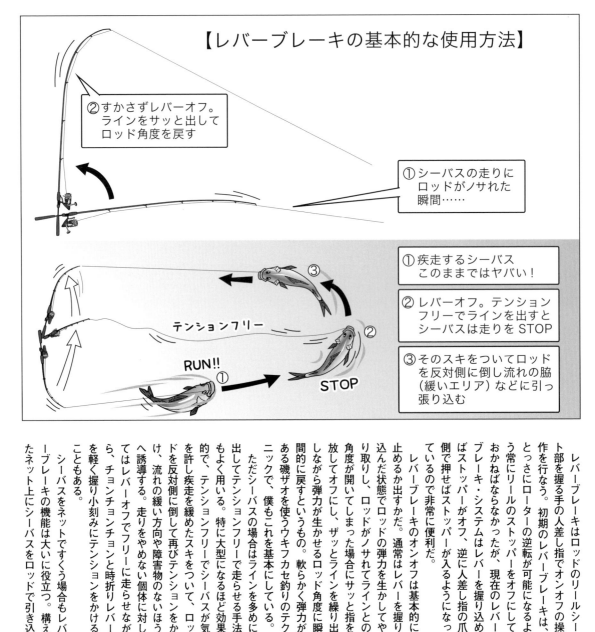

ただシーバスの場合はラインを多めに出してテンションフリーで走らせる手法もよく用いる。特に大型になるほど効果的で、テンションフリーでシーバスが気を許し疾走を緩めたスキをついて、ロッドを反対側に倒して再びテンションをかけ、流れの緩い方向や障害物のないほうへ誘導する。走りをやめない個体に対してはレバーオフでフリーに走らせながら、チョンチョンと時折りレバーを軽く握り小刻みにテンションをかけることもある。

シーバスをネットですくう場合もレバーブレーキの機能は大いに役立つ。構えたネット上にシーバスをロッドで引き込

Q. レバーオフでラインを出す場合にテンションをかける？

A. ロッドを伸ばされた分だけ瞬時にラインを出してロッド角度を戻すのが基本。魚を走らせる場合もテンションフリーにする

シーバスのパワフルな走りにロッドが伸ばされかかった瞬間、レバーを放してラインをサッと繰り出しロッド角度を元の位置に戻すのが本来の使用法

ランディング目前、シーバスは最後の力を振り絞って疾走に転じるかもしれない。そんな場合にもレバーオフで瞬時に対応できるのがレバーブレーキリールの利点

んで、その瞬間にレバーをオフにしてラインを出すとシーバスは勝手にネットの中に吸い込まれる。フロントドラッグ・リールでこれをやろうとすると、ロッドを倒して緩めるしかないのだが、その場合にすくいそこねて再びシーバスが最後の力を振り絞って走り出すと、倒していたロッドの弾力を生かせず、ドラッグの滑り出しも遅れた場合はラインブレイクという悲しい結果が待っている。

またレバーブレーキはやり取り中だけでなく、ルアーチェンジの際にも素早くラインを出して手もとにルアーを持ってこられるなど、使い出すとこのうえなく便利な機能だ。

テクニック ⑬ フィニッシュに向けて

ランディングからリリースまで「素早く安全に」を徹底しよう

いよいよ夢のモンスターと対面！　基本は最後ランディングネットに収めることだが、場合によっては浅場に寄せるのもアリ。必ずネットの中で魚に掛かったフックを先に外し、魚をリリースしてからネットに絡んだルアーを外そう

こちらからすくいにいくのではなく、構えたネットにシーバスを誘導して落とし込むのが正解。その際、一旦上流に泳がせておいて流れに乗せて下流側で待ち構えると楽だ

前記レバーブレーキの項でも紹介したがネットですくう場合は、魚をネットで追い回すのではなく、構えたネットに魚を頭から引き込むのがランディングの基本だ。ネットで追い回すとルアーフックがネットに絡みバラしてしまうことがある。また流れのある川では下流側から強引に引き上げてネットまで誘導するよりも、掛かった魚を一旦上流側に泳がせて浮かせ、川の流れに乗せながらネットまで引っ張り込むほうが力もいらず確実にすくいやすい。

周囲の地形にもよるが、シーバスを寄せられる浅い場所があるなら予め確認しておきたい。ネットに入るか入らないかの大型が掛かってしまった場合、無理してネットですくおうとするよりも、浅場に誘導したほうが安全だ。僕も90㎝オーバーのモンスターがヒットした場合、正直いってネットですくうのは勇気がいる。

ネットに収まったシーバスはネットから出さずにプライヤーで魚に掛かったフックだけを外す。雑誌やテレビの撮影時はルアーが口に掛かったままの魚を見せる必要があるのでフックを外すのがあとになるが、これは非常に怖い。ネットに絡まったフックだけを外す行為は魚が暴れるので非常に危険だし、そのショックでフックが伸びてしまうこともある。基本は、まず魚に掛かったフックを外し、魚をネットから出してリリースもしくは写真撮影。その後ネットに絡まったままのルアーフックを外すようにしている。この順番は必ず守ってほしい。

リリースを前提とするならば、なるべ

Q. あまりにも手早く取り込むと元気なシーバスがネットの中で大暴れして困ってしまう……

A. 元気なシーバスを元気なうちにリリースしたいが、現実的にはある程度弱らせてから取り込み、おとなしくさせてからフックを外すほうが安全だ

周辺に浅場があれば自ら後退しシーバスを浅場に誘導するのも1つの方法。特にネットですくうのをためらうような大型にはこのほうが安心だ

リリースはできるだけ魚体に手を触れず行ないたいが無理な場合もある。魚に触れる時はグローブを着用し水で濡らしてから。シーバスへのダメージを最小限にする気遣いが必要だ

く早く魚を取り込み、陸上での作業を手早く行なうのが理想だが、素早く取り込むと魚はまだ元気で大暴れ、フックを外す際に押さえつけるようになるので、かえって傷つけ体力を奪ってしまう。そこで、やり取りにほどほど時間をかけ、ある程度弱らせてからランディング。魚の体温は低く人間の体温でも火傷したような状態になるといわれているのでグローブは必須。寒くてもグローブをいったん川の水で濡らしてからボディーに触れるようにしたい。

ネットの中でおとなしくなったシーバスの口をフィッシュグリップではさみ、魚体にはできるだけ触れずプライヤーでフックを素早く外して即リリースするのが現実にはベストだろう。

テクニック ⑭ 川の歩き方

一歩一歩確認しながらかかとから着底 遠回りでも安全な浅いコースを

**想定外の深み、窪み、増水、ニゴリ、危険なエイ……。
リバーゲームで最も危険と背中合わせなのが夜間のウェーディング。
とにかく無理をしないことが鉄則。すべてにおいて安全第一でエンジョイしよう**

夜間のウェーディングはライトで川底を照らしても立体感がつかみにくく、想定外の石や窪みに足を取られることも多い。そこでしっかり足を上げて踏みだし、かかとから川底に垂直に下ろす感覚で、かかとが着いたらつま先に向かって足の裏全体を着ける。一歩一歩確認しながら川の中を歩くのが基本。つま先を川底に向けると小さな段差につまずいてしまうからだ。

　また安全第一のルートをたどるようにしたい。初めての川や慣れていない川では明るいうちに川底をしっかり確認しておき、頭に入れておくのは当たり前、慣れた川でも水が出るたびに川底の地形が変化するので増水後の川底確認は必須だ。いくら近いからといって深いルートは通らず、遠回りでも安全な浅いルートを歩くこと。浅場ならライトの光も川底まで届くので安全だ。いくら知っていても底が見えない場所は絶対にNG。またニゴリが入っている場合は、たとえ浅くて立ち込まないこと。適度なニゴリが入っている時は無理にウェーディングしなくても、手前からのキャストで魚が釣れることが多い。

　ウェーディングで怖いのはエイだ。エイが多いと分かっている場所は避けること。エイガードというアイテムも出回っているが、エイの多い場所、多い時期はウェーディングしないにこしたことはない。またライトで照らしてエイがいないことを確認できる時と場所でしかウェーディングしないようにしたい。いくらライトで照らしても15分もすればシーバスは戻ってくる。河口部だけでなく下流部のかなり上のほうまでエイは入ってくるので警戒は怠らないでほしい。エイは砂地、泥底が好きなので玉石や玉砂利の所には少ない。和歌山県の河川でいうと紀ノ川はエイが多い。有田川は比較的少ない。徳島の吉野川は第十堰の手前までエイ地獄（エイにとっては天国？）だ。

　周囲が見えにくい夜間はウェーディングしてきたルートを戻るのも大変。目印になる石や地形をよく覚えておくのはもちろん、船のヤマ立てに習い、いくつかの街灯などを目印に自分の位置を把握するのも方法だ。

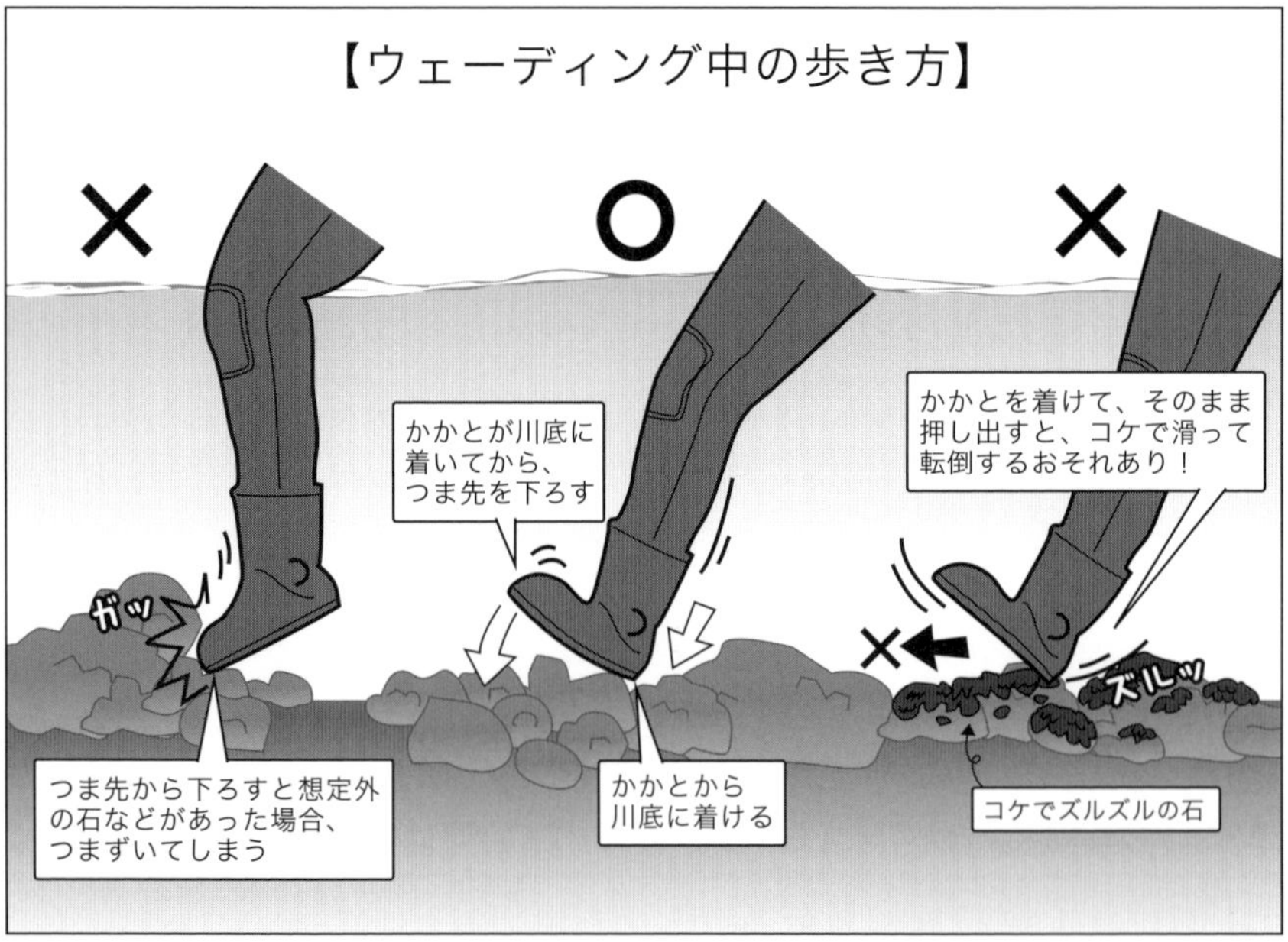

SEASONAL PATTERN OF RIVER SEABASS

シーズンを通じてねらえるリバーゲームでは季節ごとに変わるベイトの動向がカギとなる。超大型魚を手にするために知っておきたいリバーゲーム必釣8パターンを紹介

シーズナルパターン ① 稚アユ　２～４月

全長記録をねらうなら好適期 ミノーをガンガン巻き倒せ！

稚アユが全国の河川を遡上する早春、シーバスの頭の中には
「川をどんどん遡って泳ぐもの＝ごちそう」とインプットされているため
ミノーでの巻きの釣りがベストマッチ。まだ魚体はスリムなので超大型でも比較的釣りやすい

稚アユパターンでは9cm前後の小型ミノーを使いガンガン巻いてバイトを誘うのがセオリー

河川を元気に遡上する稚アユは体力を回復しつつあるシーバスにとって格好のごちそう！

Q. 使用ルアーのサイズとフックは？

A. 9㎝前後の小型ミノーでOK。ただしフックは太軸のものに交換すること

シーバスがねらっていた6～7cmの稚アユ。高カロリーでシーバスの体力回復にもってこい

早春、河川を元気に遡る稚アユに対してはドリフトなどの流し込む釣りよりもリトリーブ、巻く釣りがマッチする。多少強引にルアーを流れの中で引き上げても、その時期のシーバスの頭には川をどんどん遡上するのは「おいしい稚アユ」とインプットされているため、平気でバイトしてくるからだ。通常、シーバスは川を遡る魚にはあまり反応しないのだが、この時ばかりは別。ミノーをガンガン巻きまくればよい。

同時期、マイクロベイトパターンもシーバスの本能には組み込まれているはずで、動きが遅いマイクロベイトはスポーニングでまだ体力が完全に回復していないシーバスにとっては格好の標的。そのマイクロベイトを食って体力を徐々に回復したシーバスが次にねらうのが、動きは速いが高カロリーで美味しい稚アユなのだ。

つまり稚アユを食い始めたシーバスはかなり元気で引きも強い。したがってルアー、ミノーは稚アユサイズの9㎝前後と小さいがフックは太軸の頑丈なものが必要である。フックが太く重くなれば当然、ルアーの動きは抑制され、きっちりリップに水圧をかけなければきちんと泳がない。ということもあってガンガン巻く釣りがベターなのだ。

ルアーはダイワでいえば『ショアラインシャイナーR40＋』、『ショアラインシャイナーR40＋SSR』など9㎝程度で＃4フックがセットできるスリムミノーが望ましい。

スポーニング後のシーバスの体型はスリム、動きもまだ鈍いので、全長の記録をねらうなら1年を通じて最も釣りやすいのがこの時期だ。

ポイント的には本流の際。流れの緩いところから流れが速い本流に差しかかるところでシーバスが待ちかまえ、本流の脇から遡ろうとする稚アユを捕食しているのだ。

シーズナルパターン ② マイクロベイト 1～4月初旬

小型シンペンやワームでウルトラライトに大型ねらい

季節風が吹きつける日も多いとにかく寒いシーズンのナイトゲーム。
使用ルアーが小さいためタックルやラインも非常にライトなものを使う繊細さが求められる。
灯りに照らされた水面で引き波を立てて釣る

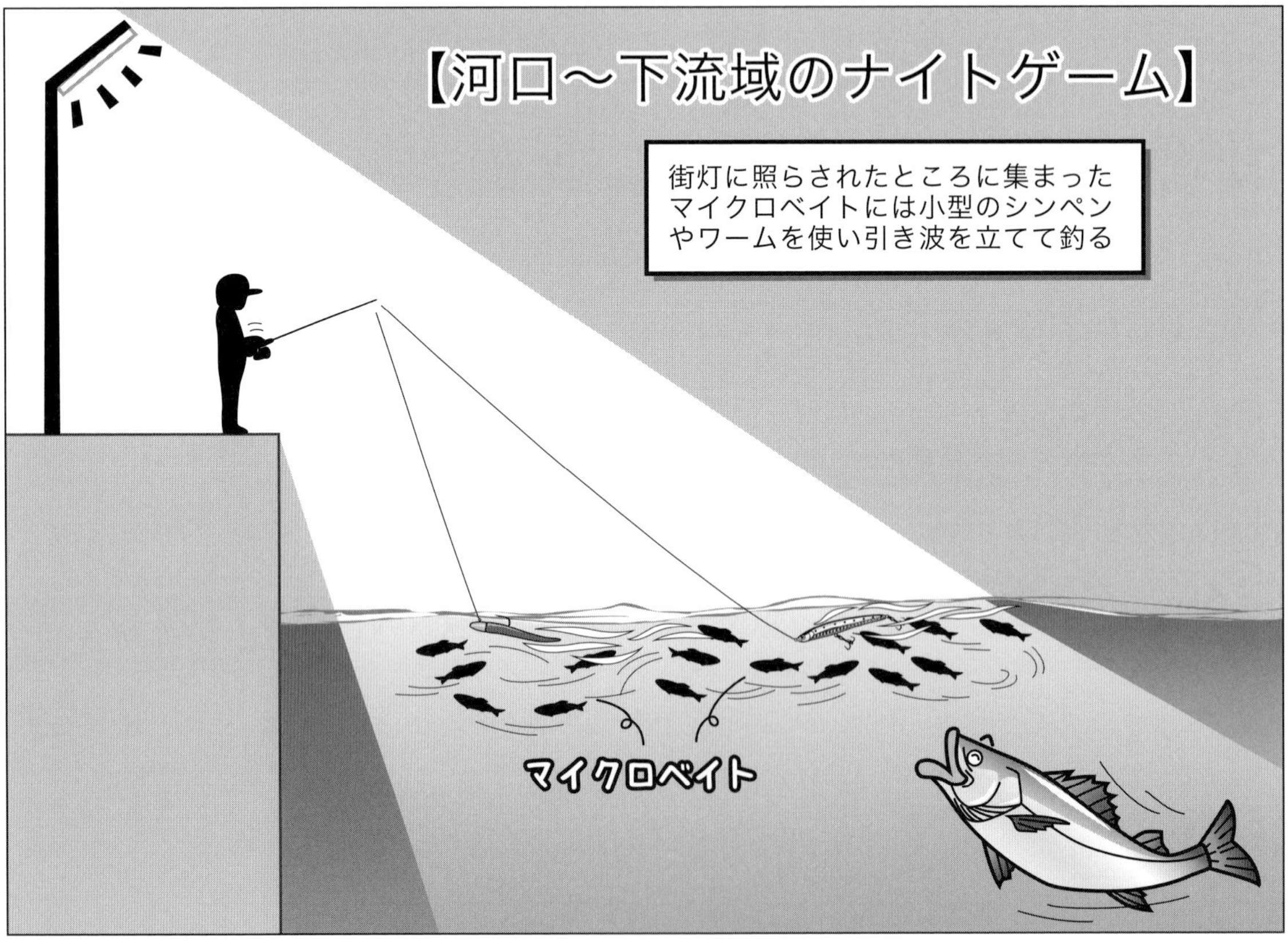
【河口～下流域のナイトゲーム】
街灯に照らされたところに集まったマイクロベイトには小型のシンペンやワームを使い引き波を立てて釣る
マイクロベイト

ここでいうマイクロベイトは、バチ、シラスウナギ、シラウオなど。河口域～河川下流部がメインフィールドだ。シラス、シラウオは稚アユよりやや早く川に入ってくるが、動きが鈍く産卵後で体力の回復を図るシーバスにとって非常に捕食しやすい存在。ポイントはシャローフラットで照明が当たり流れが淀んでいるような場所。都市部の中小河川も同じだ。大河川なら河口部と河口から一番最初にある船だまりや港。堤防があるので砂が堆積しシャローフラットが形成されているのだ。

ルアーの動きをスローに見せたいのでナイトゲームが主体で、水銀灯などが照らす水面に小型のシンペンや2inほどのスリム系スモールワームで引き波を立てて釣る。

ルアーが小さいだけに食わせやすくシーバスは躊躇《ちゅうちょ》せず吸い込んでくれるのでフッキングは容易。またフックも必然的に細軸になるので深く刺さり込みバレも少ない。おすすめはシンペンなら『キャロット』、『レイジースリム』など。ワームなら『月下美人ビームスティック』2・2in、『同フレアビーム』2in、少し大きめだが『ソルティースラッガー』3・5inなど。ジグヘッドは1・5～2gと軽めで水面を漂わせる感じで使用する。

ただ季節風が強い時期でもあり軽いリグを使う関係上、飛距離が稼げて風の影響も受けにくい、2lb、4lbのフロロライン（風が強い場合）、PE0・15～0・3号（風がない場合）といった、かなり細いラインを使うことになる。またフック

Q. メバリング並みのライトロッドやラインを使うならリールはメバル用のドラッグ付きでもかまわない？

A. ねらいはあくまでも大型シーバス。ライトタックルこそ、より繊細なやり取りが必要になるのでレバーブレーキリールが向く

繊細なライトタックルを使うからこそレバーブレーキリールの優位性が求められる。ねらうはモンスターであるからこそだ

も細軸で強度的な不安があるため、それに合わせてバランスをとるとロッドもラインも強めのメバルタックルクラスにしなくてはいけないのだ。ロッドはPEライン使用なら『モアザンAGSショートバイトコマンダー86LLX』がベストマッチ。フロロの2～4lb使用ならソリッドティップの『月下美人AGS 74UL-S』がおすすめだ。リーダーはPEライン、フロロラインともフロロ2号を1m。

ライトタックルであっても、大型シーバスねらいであることに変わりない。マイクロベイトを食っているこの時期のシーバスはコンディション的にベストではないため引きも最盛期ほど強くないが、大型になるほどレバーブレーキリールでの繊細なやり取りが重要になるのだ。メバリング用のドラッグリールを流用する人もいるが、細いライン&タックルだからこそレバーブレーキ。掛けた大型シーバスをいなすように取り込まなければいけない。

このほか中上流部で春に生まれたカワムツの稚魚を捕食するシーバスをねらう釣りもマイクロベイトパターンといってよく、やはり街灯が照らす明暗部の境目を小型のシンペンでチョコチョコっと動かしてバイトを誘うナイトゲームだ。

メバリングも大好きな釣りのひとつ。もちろんリールはレバーブレーキ付き。ウルトラライトタックルでもレバー操作のやり取りが威力を発揮する

シーズナルパターン ③ アユ　5～7月

興奮！ 灼熱のデイゲーム 荒瀬の底石バンピングでガツン！

シーバスゲームで最も エキサイティングな釣りが夏アユパターン。
デイで荒瀬や早瀬の中をガチンコで引く釣りはスリリング、アタリも爽快。
これぞリバーシーバスの醍醐味だ！

【夏アユパターン】
荒瀬や早瀬
流れ
シンキングミノーのタダ引きが、リップで底を叩き、野アユがコケを食む姿を演出する

初夏、かなりの上流にまで遡り荒瀬や早瀬に付いたアユを捕食するシーバスをデイでねらうのがアユパターンだ。これぞリバーゲームの醍醐味だと思う。もちろん夜も釣れるが「夏だからこそ！」の釣りがしたいので日中にこだわって楽しんでいる。瀬に侵入してきたシーバスとガチンコ勝負するのが実に楽しいのだ。

シンキングミノーでパンパンパン！とトゥイッチし野アユが石に付いたコケを食む姿を演出。水深のある場所ならディープダイバーで。コケを食むことに集中している野アユに横から襲いかかるシーバスがターゲットだ。ミノーを底石にカンカンカン！と当ててボトムノックさせる。これを激流の中でやるので、その爽快さをご理解いただけると思う。

和歌山の古座川でいうと月野瀬よりも上流。熊野川なら北山川との合流付近。巨大堰がないことが前提だがシーバスは何十kmも上流に遡る。橋上から見るとよく分かるがボトムの石が見えないほど水深のある筋ならシーバスは簡単に遡っていく。それが最初に途切れる瀬までは確実に遡っているはずだ。上流に行くほどターゲットの個体数は少なくなるが、そこまで遡れるだけの体力があるため引きは強烈。そんな元気なシーバスをデイでねらえるアユパターンに毎年熱くなってしまうのだ。

使用ルアーは『ショアラインシャイナーR50』や『ショアラインシャイナーZ120』『ショアラインシャイナーZ140』のシンキングタイプなど。ボトムノッキングでリップは傷むが普通に巻く

Q. どんなアクションをさせればよいのか？

A. シンキングミノーやディープダイバーのタダ引きでOK。リップが底石を叩き野アユがコケを食む様子を演出する

熊野川の北山川合流点から少し下。夏場はアユ釣りファンが多いので少し離れた場所でルアーを引こう

古座川月野瀬地区。高瀬橋から下流方向。このあたりまでがアユパターンのポイントだ

だけで底石に当たりヒラを打つ。ジャークしているわけではないので、トレースコースが安定しているためミスバイトも少ない。このアクションにたまらずシーバスが食い付くと一気に下流を向いて走るためロッドがいきなり引ったくられる。カラーはキラキラ光りフラッシングが期待できるホログラム系がベストだ。流れのなかでシーバスの突進を受け止めなければいけないので強めのタックルを選ぶ。ラインもPE1〜1・5号、リーダーも25〜30lbと太めを使い強引にやり取りする。これがまた迫力があって楽しいのだ。

ただしアユ釣りの人とポイントがバッティングするので、決してジャマにならないよう注意して釣ってほしい。

シーズナルパターン ④ フナ 5～8月

小河川上流や大河川の淵ともにボトム意識がカギ

田んぼから流れてきた小ブナ、渇水期の淵にたまるフナも格好のベイト。ポイントまでの距離が近い小河川ではバス用のディープダイバー、ポイントが遠い大河川の淵ではバイブレーション。どちらもボトムをねらう

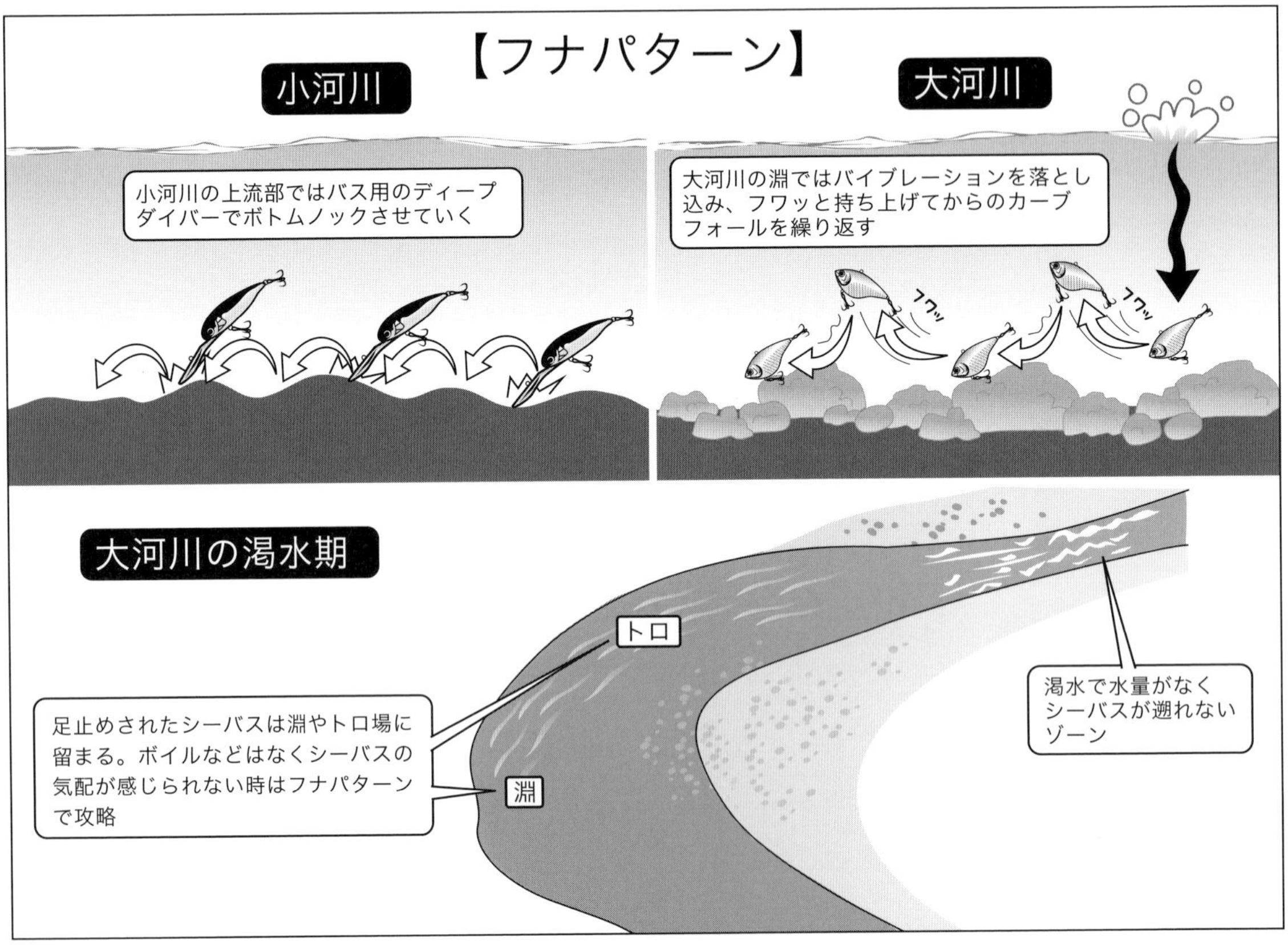

小河川の上流部まで侵入したシーバスや大河川で淵に潜むシーバスをねらう時のベイトパターンがフナ。

まず小河川でフナを食っているシーバスには『ダブルクラッチーZM』というミノーやシャッドといったディープダイバー系の小さめバス用ルアーをボトムノックさせていく釣り方がマッチする。ディープダイバーのよいところは短い移動距離でもグッと潜らせて、そこで誘いを入れられる点。

有効なシチュエーションとしては田んぼからの農業用水が流入している時。小ブナなどが流されてくるのでシーバスは淡水魚に対する反応がよくなる。田んぼに水が入る田植えの前後、5～6月が最高だ。

大河川の淵をねらう場合は飛距離の関係で小型ルアーは使いづらい。遠投力があるバイブレーションでワンド奥に投げスーッと落とし込んでボトムを取ったらショートトリッキーにチョンとシャクって誘いを入れる。ルアーを大きく持ち上げるのではなく小規模にフワッと持ち上げカーブフォール。常にボトムを意識しながらこれを繰り返す。バイブレーションの上下運動を繰り返すことでボトムトレースが容易になり、誘うというよりボトムを察知する感覚になるため根掛かりが少なくなる。ただフナが多いエリアは木などが沈んでいることが多いので、それに対しての根掛かりは気を付けなければいけない。

ねらうのは水深のある淵がメインだが瀬と淵の間にあるトロ場もポイント。同

Q. 大河川の淵でフナパターンがハマる状況とは？

A. 梅雨明けの渇水期、シーバスの気配がまったく感じられないナイトゲーム

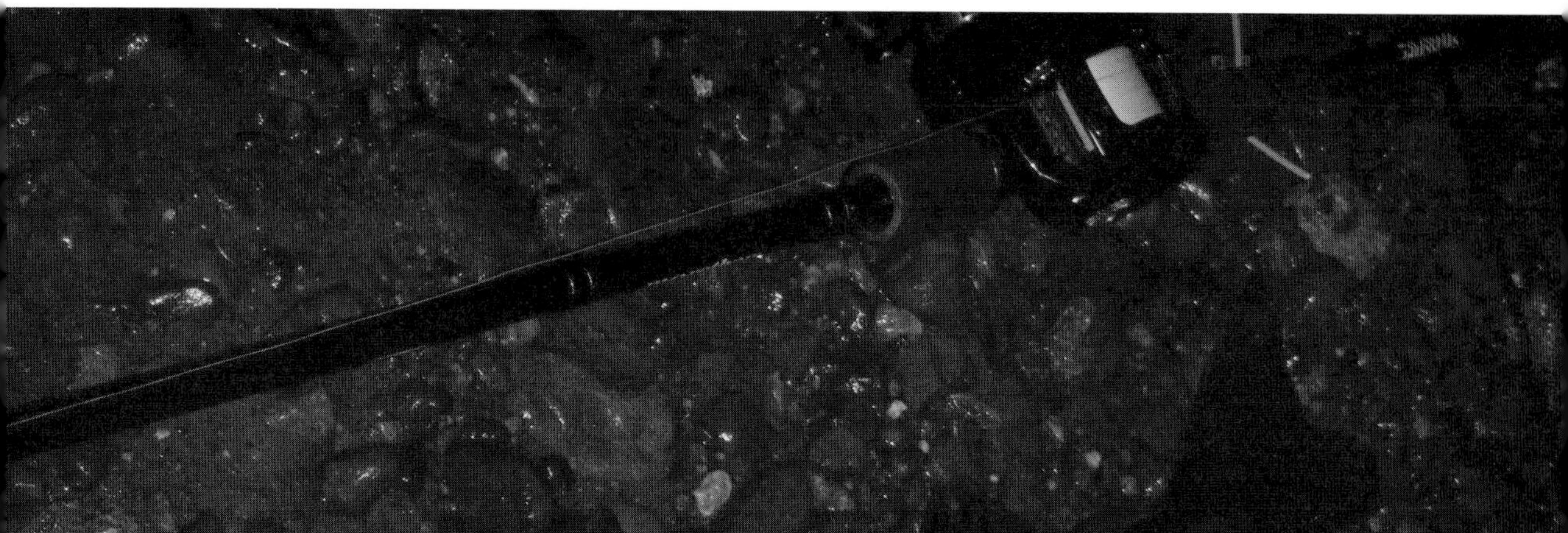

大河川の淵ではバイブレーションを使ってボトム付近をトリッキーにショートジャーク＆カーブフォール。常にボトムを意識することは根掛かり回避にもつながる

様にバイブレーションでボトムを転がしていけばよい。

大河川でフナパターンが有効なシチュエーションはナイトゲームでボイルもなくシーバスの気配が全く感じられず、しかも渇水で川に流れがなく、シーバスがそれ以上、川を遡れず淵に留まっているしかないのでは？と感じられる時だ。梅雨が明け川の水が少なくなる7～8月にこのパターンでハマることが多い。

シーズナルパターン ⑤ ウグイなど川魚　4～10月

夜間はアユより他の川魚
釣りやすい場所優先でねらう

夏の河川といえばアユだが、実は夜間のアユは
シーバスが捕食しやすい場所にいることが少ない。よってナイトでは
シーバスがメインに食べているウグイやオイカワ、カワムツなどの川魚で誘う

夏の夜、シーバスが捕食態勢を整えやすい水深のある場所にアユは出てくることが少なく、浅いチャラ瀬の瀬肩などで過ごしている。シーバスは水深のある場所で他の川魚を食べていると考えられる

アユほど泳力がなく体型もスリムで捕食しやすいシーバスにとって非常に都合がよい魚がウグイ、カワムツ、オイカワといった川魚だ。ベイトが単一でないためシーズンは長く、高水温の夏場を中心に4～10月まで続く。

川魚パターンは「ナイトゲームで釣りやすいところを釣る」というのが鉄則だ。サンドバーなどボトムが砂で根掛かりの心配がなく、深すぎず浅すぎず水深2m前後のところがよい。しかもある程度流れがある場所がベスト。こういった場所にいろいろな川魚が集まっていることが多い。

多くのアングラーが夏のナイトゲームでもアユを意識して釣っているようだが、実際にはアユ以外の川魚パターンになっていることが多い。アユの習性を考えると、夏の夜、盛期のアユは浅いチャラ瀬の瀬肩などに付いており深場に出てくることは少ない、と僕は考えている。つまりシーバスがベイトを捕食しやすい水深のあるポイントにアユはほとんどいないのだ。

春、稚アユを追って川を遡ったシーバスは、ひと夏を川で過ごし、秋になると流されてくる落ちアユという最高のごちそうを捕食し栄養を蓄え冬に備える。しかし稚アユシーズンと落ちアユシーズンの間、つまり捕食活動が活発な夏の夜間はアユ以外のベイトをねらって食いつないでいるのだ。アユも食べてはいるが実際のメインベイトはウグイやオイカワ、カワムツ、フナと考えるのが自然である。

適合ルアーは『ショアラインシャイナ

Q. アユ以外の川魚パターンのフィールドは？

A. ある程度流れがあり水深2m前後、ボトムが砂、サンドバーなど

8月中旬のナイトゲームでヒットした良型。ほどほどの流れと水深があり、釣りやすい砂底エリアが好ポイントとなる

ーZ120F』『同140F』などのフローティングミノーをメインに、シンペンやビッグベイトもOK。リトリーブにドリフトを交えたシーバスフィッシングの基本に忠実な釣りでよい。

シーズナルパターン ⑥ 落ちアユ 10～12月中旬

満月後の中潮ナイトが最高 表層もしくはボトムを効率よく

産卵をひかえたシーバスの荒食いは晩秋からの落ちアユパターンで爆発する。ミノーやシンペンを流心からドリフトさせ、本流脇の流れの緩い部分に導くと……。ルアーをじっくり見せる釣りが有効だ

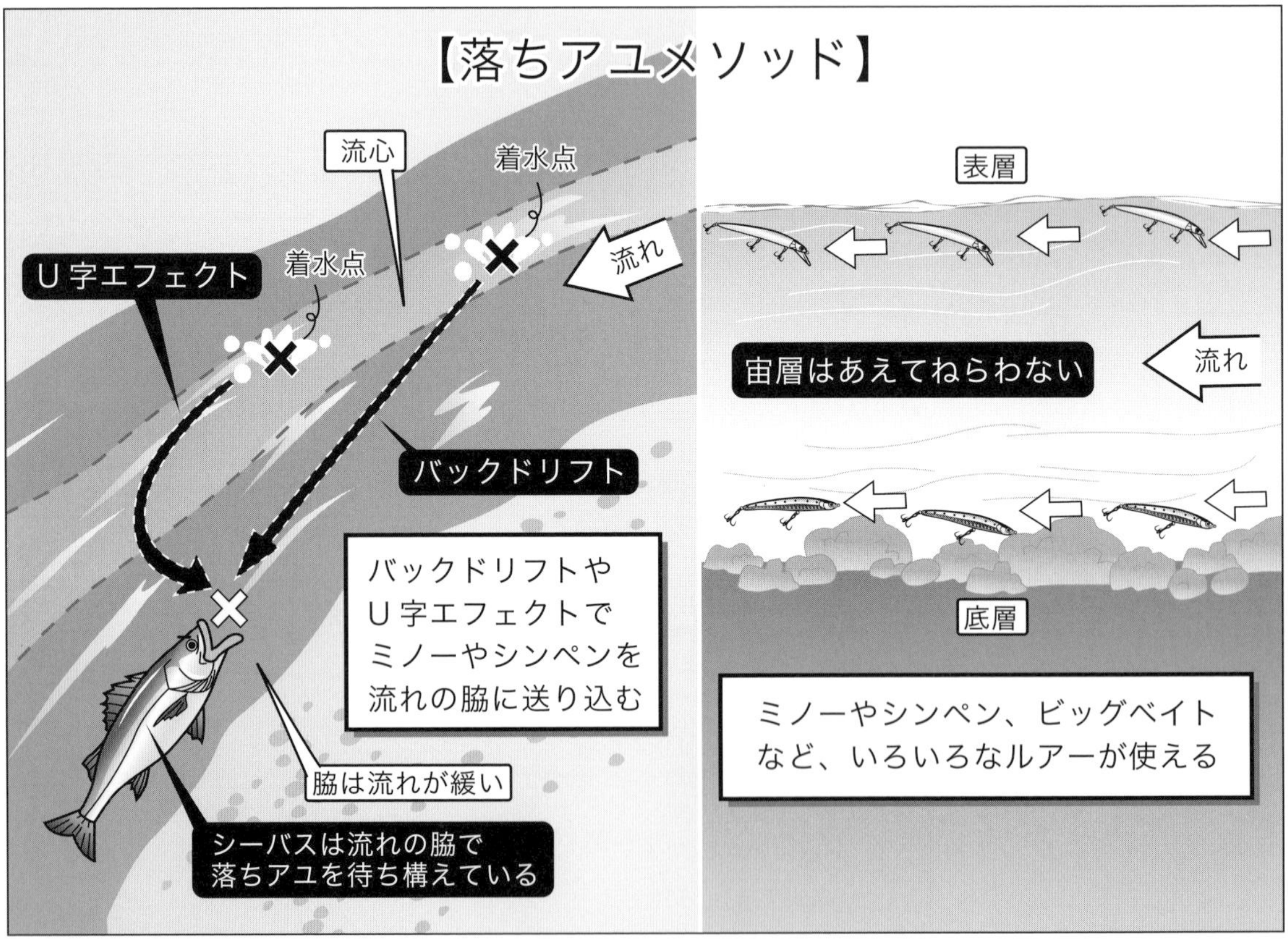

落ちアユパターンはコノシロパターンと並んで、ウェイトが増したヘビーなモンスタークラスとの出会いが多いパターンだ。スポーニングという魚類の最大イベントをひかえ、それに備えて荒食いする。しかもベイトになるのが非常にイージーに捕食できる落ちアユだからなおさら飽食状態になる。シーバスは狂ったように食いまくるのだ。

落ちアユパターンは満月の大潮後の中潮に最も食いが立つ、というのが定説。なぜかというとアユの産卵が満月の夜にピークを迎えると、入り交じった卵と精子が川を流れ、そのニオイでシーバスの食欲スイッチが入るからだ。シーバスはそのニオイにつられアユの産卵場まで、場合によってはかなり上流まで差し込んでくる。

釣り方はバックドリフトとU字エフェクトがメイン。ミノーで表層を流す。シンペンやビッグベイトでボトムを転がす。あえて宙層はねらわない。表層か底にねらいを絞るほうが迷いがなく釣りやすい。本流から流れの脇にそれた落ちアユをねらうシーバスは当然、本流脇に潜んでいるから、ルアーも本流に投げ込み、ドリフトさせながら流れの脇をトレースする。

デイでも水がニゴリ気味なら可能だが、基本的にはナイトゲームだ。元気で動きが速い稚アユを食う体力回復中のヤル気あるシーバスをねらう場合、ルアーは速い動きで誘うのでデイでも見破られにくい。ところが落ちアユの時期、シーバスは流れてくるアユを日中に無理して食

Q. デイゲームの落ちアユパターンは可能か？

A. 水がニゴリ気味なら釣れなくもないが、「落ちアユを食うのは夜が簡単」という本能がシーバスにはインプットされているはず

釣ったシーバスが大きな落ちアユを吐きだした。いったいどれほどのアユが入っているのだろうかと思うほどボテッと膨らんだ腹。荒食いシーズンならではの魚体

わなくても「夜になればイージーに食える」ことを知っているため、ナイトゲーム有利になるのだ。また落ちアユシーズンはルアーをじっくり見せる釣りになるため、デイでは偽物と見破られやすいし、夜でもリアルでナチュラルな動きをするビッグベイトが有効と覚えよう。

適合ルアーは表層ねらいで『ショアラインシャイナーZ120F・SSR』や『ショアラインシャイナー』のSLシリーズなどのミノー、『モアザンソルトペンシル110S・HD』など。ボトムねらいなら『ショアラインシャイナーZ140LD・S』やビッグベイトの『鮎邪ジョインテッドクロー178S』、シンペンの『レイジー95S』など、いろいろなルアーを使えるのが落ちアユパターンの楽しい側面である。

シーズナルパターン ⑦ コノシロ 11～2月初旬

目立ってナンボの釣り！ ビッグベイトでド派手に誘え

川の釣りよりも海の延長的な釣りであるが、
とにかく河口部に集まったコノシロを食っているシーバスは食欲旺盛で超重量級。
どでかいビッグベイトをド派手に着水させ目立ったもの勝ち！

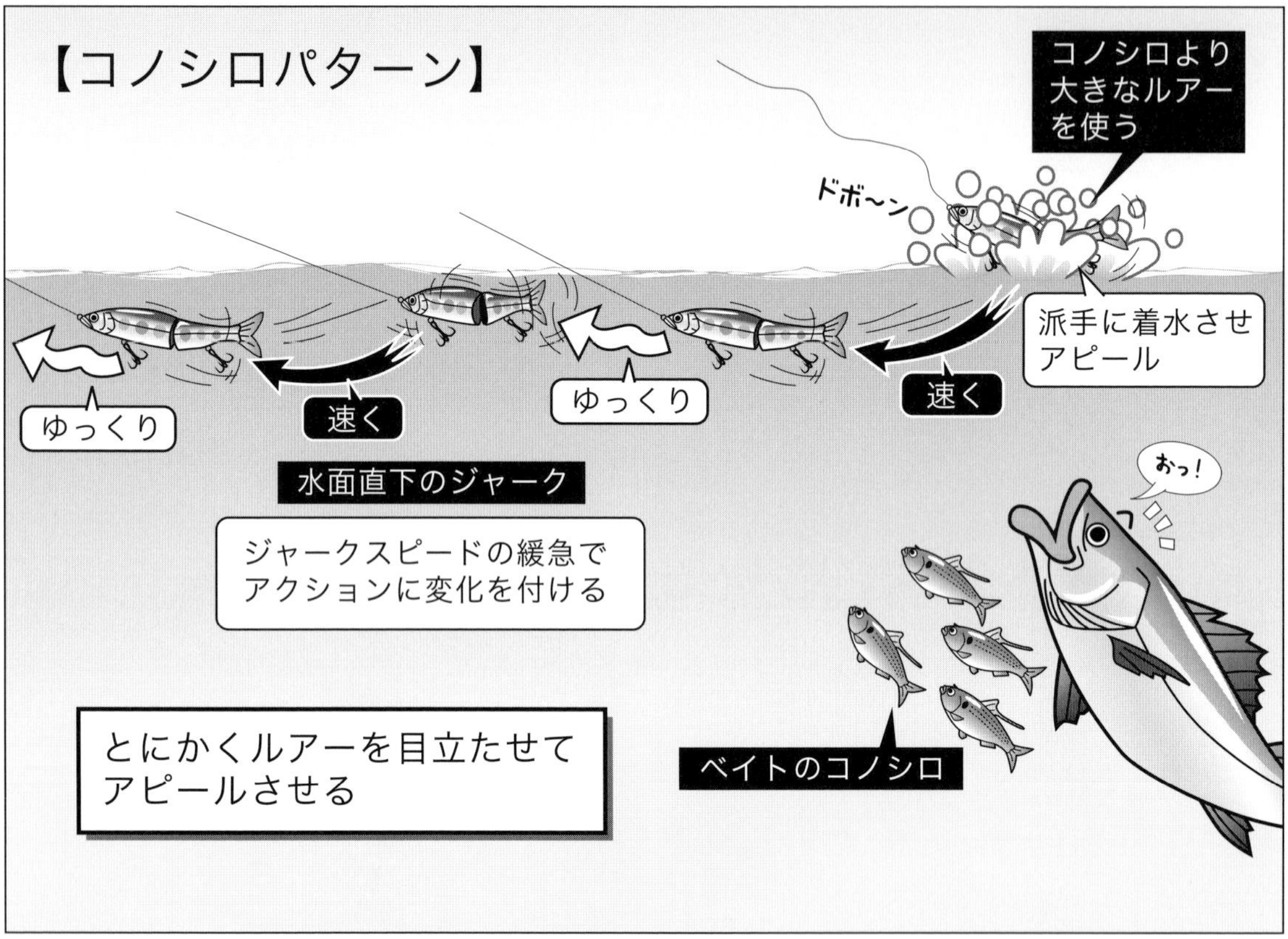

コノシロパターンは完全にビッグベイトの釣りだ。地方によって釣期はズレるが和歌山県下なら11月に入った頃から翌年2月初旬までだ。フィールドは河口部限定。リバーゲームではないが海水浴場などにコノシロがよく付くことから分かるように、釣り場条件としては底が砂地であること。基本的には朝夕マヅメの釣りだが、デイでも釣れることがある。なぜかナイトゲームで釣った記憶は乏しい。

ルアーは大きければ大きいほど反応がよいことが多く、もともと大きいベイトなので、そのベイトよりもさらに大きなルアーを使うとハイアピール可能。『鮎邪ジョインテッドクロー178F／S』はもちろんだし、これまで効果があったルアーは『ドラドスライダー18F／S』や『ドラドポッパー14F／S』というオフショアで使用されるトップウォータープラグ系。これらでド派手に誘うのだ。

釣り方は水面近くの連続ショートジャーク。ジャークスピードの緩急でアクションに変化を付ける。

とにかく河口内にコノシロが入ってきて、その群れにシーバスが付くので、コノシロが確実に入ってきていることが前提になり、群れの個体数が多いほどシーバスの捕食ボルテージも上がる。そのベイト群の中でルアーが目立ってナンボという釣りなのだ。

したがって大きいルアーを使うと同時に、フライ気味にキャストしバッシャーンと激しく着水させるのが有効。シーバスはボイルしたあと水面に横たわるコノシロと勘違いし、着水後リトリーブを開

Q. タックルはどんなものを使う？

A. とにかくルアーも大きく、
釣れるシーバスもポットベリーで重量級。
ベイトタックルやスピニングでも強めのタックルを使用する

とにかくベイトのコノシロよりも大きいルアーを使うこと。たとえばジョイクロなどでド派手に誘うのが必勝パターンだ

コノシロパターンは河口部の釣り。近隣ショップでコノシロが入ってきているかどうか確認のうえ釣行しよう

始してすぐにドッバーンと水飛沫を上げてバイトしてくる。

時期的にスポーニングをひかえた荒食い時期でシーバスのコンディションはよく、腹の中には大量のコノシロが入っていて超重量級。よってタックルはビッグベイト用のベイトタックルやスピニングでも強めのものを使いたい。

シーズナルパターン ⑧ サヨリ 11月下旬～4月初旬

わざとサヨリを驚かせ シーバスの活性を高める山本メソッド

サヨリパターンといえばシーバスフィッシングのなかで非常に難しいシチュエーション。しかし山本典史はナイトゲームでベイトのサヨリを驚かせて逃げまどわせ、シーバスの活性を高めることでバイト率をアップさせている

サヨリパターンは、ナイトでサヨリの群れがたまっている場所を釣るか、朝夕マヅメやデイでサヨリの群れの移動コースにあたる水通しのよい部分、たとえば防波堤の先端などで待ち伏せするシーバスをねらうかの2パターンだ。フィールドはともに河口部である。

デイでは細身のミノー早引き以外に攻略法はない。とにかくコノシロ同様、サヨリが確実にいることが条件で、スリムミノーをファーストリトリーブし群れからはぐれたサヨリを演出するのだ。

ナイトフィッシングでは2パターンのメソッドを使う。まず『ショアラインシャイナー』SLシリーズの14㎝か17㎝をスローにタダ巻きするほか、リップを落とし、まったくのノーアクションで棒のようにサヨリの群れのなかを引くナチュラルな釣りがひとつ。

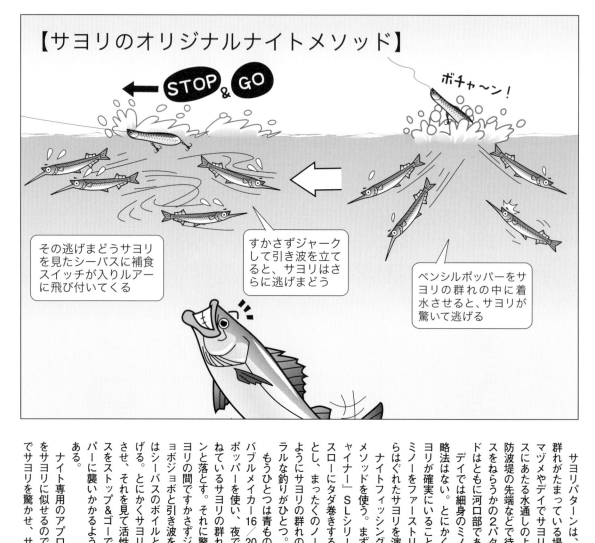

もうひとつは青もの用の『ソルティガバブルメイカー16／20』というペンシルポッパーを使い、夜でもピチャピチャ跳ねているサヨリの群れのなかにボチャーンと落とす。それに驚いて逃げまどうサヨリの間ですかさずジャークしジョボジョボジョボと引き波を立てると、サヨリはシーバスのボイルと勘違いしさらに逃げる。とにかくサヨリを逃げさせ大騒ぎさせ、それを見て活性が上がったシーバスをストップ&ゴーで泳ぐペンシルポッパーに襲いかかるように仕向ける作戦である。

ナイト専用のアプローチだが、ルアーをサヨリに似せるのではなく逆転の発想でサヨリを驚かせ、サヨリがルアーから

Q. デイゲームでのサヨリパターンは？

A. スリムミノーをファーストリトリーブし群れからはぐれたサヨリを演出する

河口部のエサ釣りでサヨリをねらう人たち。こうした場所と情報を入手したら、ナイトゲームで山本流サヨリパターンを試してみよう

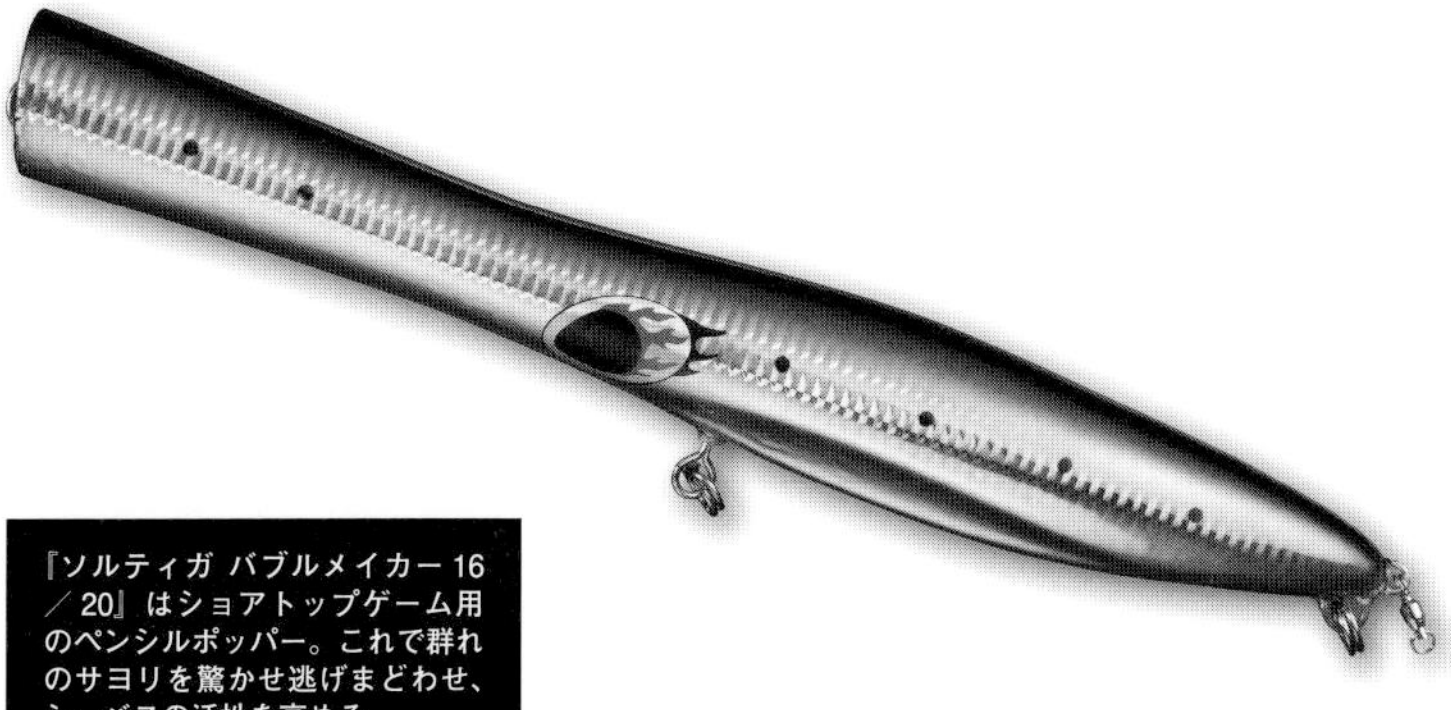

『ソルティガ バブルメイカー 16／20』はショアトップゲーム用のペンシルポッパー。これで群れのサヨリを驚かせ逃げ惑わせ、シーバスの活性を高める

離れた時点で派手に「ここやで！」とアピールするのだ。サヨリパターンは難攻不落で釣りにくいイメージを抱いているアングラーが多いようだが、サヨリの群れを騒がせシーバスの活性を上げることで比較的イージーに釣れるので、ぜひ試してもらいたい。

ちなみに『ソルティガ バブルメイカー16／20』は重いルアーなのでタックルは少し強めがおすすめ。リアにブレードを付けるとさらに効果的だ。

安全快適・末永くリバーゲームを楽しむために

急な増水に土石流、流れに対する過信。
身を守るのは安全の上に安全を重ねた的確な判断と早めに退く勇気。
ダム放水や防災情報のキャッチはできているか?
ライフベストは正しく装着しているか?
グローブは?　また立入禁止、
釣り禁止エリアで釣りをしていないか?
これらを事前にしっかり確認したうえで楽しもう

リバーゲームで最も危険なのが急な増水だ。急に水が濁ってきたら危険信号、いくら釣れていてもすぐに川から上がること。また水が濁ってきているのに水位が下がることがある。これは上流部に土砂ダムができたことを意味し、決壊すればあっという間に土石流が襲ってくる。ダム放水のサイレンや広域放送にも注意することはもちろん、地域ごとの防災メールも自動キャッチできるように携帯に登録しておこう。

　ウェーディング時にこれ以上強い流れに立ち込んではヤバいな、これ以上深いところに立ち込んでは厳しいな、と自分が感じるボーダーライン、つまりギリギリの状態で、もし転倒や何らかのアクシデントがあった場合は即事故につながる。そのレベルを危険度10段階の7としたならば、そのレベル7は自分が思う以上に危険な状態。本来の意味で何とか危険を回避できるボーダーラインは、その2段階手前のレベル5くらいで、完全に安全が確保できるウェーディングレベルは3ないし4。いくら釣れるからといっても3～4以上のレベルにまでは立ち込まないと肝に命じてほしい。これはウェーディングだけでなく増水時の安全確保にもいえること、早めの判断で川から上がってほしい。大雨や洪水で川に近付いた人が毎年のように流され亡くなっていることからも分かるとおり、過信は絶対に禁物である。

　フローティングベストは必ず正しく着用する、滑りにくいソールのシューズを履いておくことはいうまでもなく、ウェーダーもヒザ部分にパッドが入っていると転倒時に安心だ。ウェーディング中の転倒でヒザを痛めて動けなくなると一大事である。グローブも転倒時に手のケガを防いでくれるので暖かい時期も薄手でよいので必ず着用しておきたい。

　堰堤の上下など釣り禁止、立入禁止の場所では釣りをしない、絶対に立ち入らないのは当たり前。魚族保護ための釣り禁止場所では「アユにかぎり」などと魚種が限定されていることがあるので、これは前もって調べておきたい。他魚種限定なら釣りができる場合もある。またサクラマスやサツキマス、サケなどトラウト類が遡上する川ではシーバスねらいのルアーに間違ってトラウトがヒットしてしまうことがある。ねらっていなくても釣ってしまえば罪に問われるので、漁業権が設定されている河川では釣りをしないか、必ずサケ・マス類の遊漁券を購入してシーバスを釣ってほしい。

※各都道府県河川の管轄漁協区域内で釣りをする場合、ルアーフィッシングおよび夜釣りの可否については必ず各漁協の遊漁規則を事前確認したうえで釣行を計画してください。

プロフィール

山本典史

やまもと・のりふみ　1972 年和歌山県和歌山市生まれ。小学校低学年の頃、地元・和歌浦周辺のハゼ、小アジで釣りに目覚め、高学年になるとバス釣りに夢中になる。中学、高校と部活に忙しく釣りから遠ざかるが、進学した宮城県の仙台大学時代に経験したシーバスフィッシングで釣り熱が再燃。同時に磯のヒラスズキゲームの存在も知る。シーバスを始めた当初からレバーブレーキに注目し和歌山に戻ってからは磯のグレ釣り、アユの友釣りを始め、青ものやスズキのノマセ釣り、メバルのエサ釣りなどさまざまな釣りに触手を伸ばし現在に至る。2011 年に釣りあげた 98cm、8・65kg のシーバスはＪＧＦＡとＩＧＦＡのラインクラス４ kg（８ lb）の日本記録＆世界記録に認定。ダイワ・フィールドテスター。

TEPPAN GAMES
鉄板釣魚
山本典史 リバーシーバス最強マニュアル

2015 年２月１日発行

監修　山本典史
発行者　鈴木康友
発行所　株式会社つり人社
〒101-8408　東京都千代田区神田神保町 1-30-13
TEL03-3294-0781（営業部）
TEL03-3294-0806（編集部）
振替 00110-7-70582
印刷・製本　図書印刷株式会社

乱丁、落丁などありましたらお取り替えいたします。

ISBN978-4-86447-068-1 C2075
つり人社ホームページ　http://www.tsuribito.co.jp